밸런스

일러두기
해당 도서의 인세 전액은 아동 청소년 유일 재활전문병원인 서울재활병원에 기부됩니다.

너무 소진되지 않고
탁월하게 일하는 법

밸런스

이인석 지음

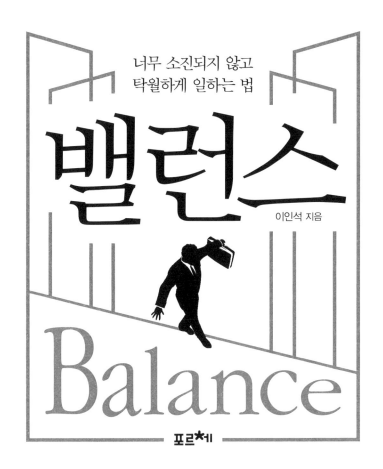

Balance

포르*체

성공과 위기, 그 사이의 밸런스

고창에서 홍수봉이라는 탐스러운 체리가 집에 왔다. 캘리포니아산 빙 체리Bing cherry는 먹으면 텁텁한데, 고창에서 생산되는 품종은 그런 불편한 맛이 없고 알이 굵으며 당도도 매우 높았다. 맛있는 체리를 먹는 데 집중하면 좋으련만 그러지 못하고 고창군 농민들을 생각한다. 지난 3월에 고창군에 내려갔을 때, 고창군도 농업 분야에 대한 비상 선언을 하고 미리 불경기 상황을 대비하는 게 좋겠다고 조언했다. 고창 체리의 경우 수년 전부터 재배 면적을 늘리고 품질 관리에 집중하며 고객들에게 좋은 평가를 받는 상황이었다. 물론 당장 리스크가 발생할 확률은 낮으나, 수년 후를 생각하면 지금부터 위험을 예측하고 리스크를 대비할 수 있도록 준비할 필요가 있었다. 지금은 고평가를 받으며 고객에게 인기가 있을지라도, 수년 내에 샤인머스캣처럼 여러 지역에서 생산하여 공급 과잉에 빠질 수 있기 때문이다.

인기 있는 품종은 어느 순간 매스컴에 자주 노출되며 더 큰 인기를 끌지만, 농업은 절대 매스컴에 끌려가서는 안 된다. 농산물은 최소 5~10년 가까이 재배 환경에 대한 적응 기간이 필요하기 때문에, 언론에 나오기 전 이미 수많은 농가가 인기 예상 품목 재배에 뛰어든 상태라고 봐야 한다. 이는 농민들이 가진 본질적 문제이기도 한데, 공급과 수요에 대한 예측이 없다 보니 어느 순간 필연적으로 인기 품목의 공급 과잉이 발생한다. 다른 분야와 달리 가장 기본적인 리스크조차 관리되지 않고, 전 세계적으로 불확실성까지 증가하다 보니 모든 영역이 비상인 상황이다. 따라서 매스컴에 나오는 인기 품목에 휘둘리기보다 지역과 환경, 재배 기술에 맞는 적정한 품목을 재배하고, 나만의 품목과 브랜드로 차별화하는 전략이 필요하다. 인기 있는 품목이라고 너도나도 뛰어드는 순간 그 품목에 더 이상 메리트가 없다는 걸 잊어서는 안 된다. 결국 이러한 치열한 농산물 전쟁에서 고창 체리가 살아남을 수 있는 방법은 체리의 재배 방법과 품질을 고도화하여 고창만의 차별화된 체리 브랜드를 만드는 것이다.

2020년 3월 이후로 함께 공부하는 기업인들에게 비상 경영을 선포하고 생존을 위한 전투 모드에 들어가야 한다고 끊임없이 강조했다. 중국의 코로나 사태가 한국 경제에 가장 심각한 영향을 미칠 것으로 예상했기 때문이다. 질병은 사람의 활동과 이동을 제약하고, 결국 기업의 생산과 유통에 치명적인 영향을 끼칠 가능성이 높다. 특히 한국은 전체 교역의 30% 이상이 중국에 집중되어 있는 만큼 영향을 많이 받을 수밖에 없어 철저한 사전 준비와 대응으로 리스크를 최소화해야 한다.

비즈니스를 하다 보면 아무리 자체적으로 최선의 방향을 찾아나간다고 해도 예상치 못한 외부의 어려움에 맞닥뜨리게 된다. 세계 경제 상황이 격변하고 있다. 아무런 준비 없이 쓰나미를 맞는 것처럼 당혹스럽고 위태로운 일이 있을까. 만일 우리가 쓰나미를 1시간 전, 아니 30분 전에라도 예측할 수 있다면 높은 산과 건물로 피신할 기회가 있을 것이다. 즉 우리는 모든 경우의 수를 예측하고 대비하는 능력을 가져야 한다. 어려운 상황이 닥쳤을 때 생존하기 위해서는 선제적으로 준비하고, 모두가 위축되어 있을 때 역발상을 통해 상품 영업과 마케팅에 집중하며, R&D(연구개발)에 힘써 위기를 극복해야 한다.

한국경영자총협회에서 전국 대학 경제·경영학과 교수 204명을 대상으로 조사한 결과, 최근 한국 경제 상황이 IMF 외환 위기나 2008년 글로벌 금융 위기 때와 유사하거나 더 어려운 상황이라는 인식이 52.7%로 절반을 넘었다. 경기가 좋지 않고 위기가 가까이에 있을수록 비즈니스에서 모든 초점은 고객에게 맞추어야 한다. 경영자는 위기 상황에 맞는 의사 결정 방법에 대해 고민해야 하고, 의사소통 구조를 다시 정리해야 한다. 사람 외의 모든 것이 원점에서 재검토, 재설계되어야 하며 상품과 서비스가 고객 관점에서 최단 거리와 최단 속도로 닿을 수 있도록 프로세스를 고도화해야 한다. 위기를 극복할 수 있는 시나리오를 수립하고, 그것을 실현할 수 있는 단기적인 컨틴전시^{Contingency} 프로그램을 가동하며, 또한 시장과 고객 관점에서 철저히 피드백해야 한다.

이처럼 위기 상황에 적절히 대응하는 시스템을 갖추기 위해 우리는 스스로 일하는 방법을 돌아보고, 때로는 가장 기본적인 요소부터 차근차근 바꿔 나가야 한다. 일을 잘하고 비즈니스를 성공한다는 것은 결국 세상이 돌아가는 이치를 파악하고 그 가운데서 고객의 마음을 사로잡는 일에 달렸다. 비즈니스에서 기업과 고객이 모두 원원하기 위해서는 본질적으로 '일의 기본'을 다시 돌아보고 기존 사고의 패러다임을 바꾸어, 더 탄탄한 미래를 만들어가고자 하는 의지의 발걸음이 필요하다. 이 책이 그러한 세상을 만드는 데 작은 힘을 보태는 역할을 하길 바란다.

목차

2장
철저히 전략적으로 일하라

3장
인재가 경영의 미래다

4장
무엇을 남길 것인가

1장

어떻게
일을
대할 것인가

1.
왜
일하는가

일의 철학
—

우리가 이 사회의 일원으로 살아가기 위해서도, 아직 키워야 할 아이들이나 가족들을 위해서도, 무엇보다 자기 자신을 먹여 살리기 위해서도 밥벌이는 중요하다. 일하는 행위가 인간의 본능을 거스르는 것이라는 주장이 있을 만큼 출근하는 몸이 무겁고 지칠 때도 많지만, 우리는 할 수 있을 때까지 일하면서 살아갈 수밖에 없다. 그렇다면 스스로를 설득시키기 위해서라도 최소한 내가 지금 무엇을 하고 있는지, 왜 이 일을 하고 있는지, 또 어떻게 일하면 불행해지지 않을지 알아야 한다. 이것이 바로 일에 대한 철학이다.

어떤 일을 하든 일에 대해 자신만의 철학이 없다면 일의 목적이나 목표가 상황에 따라 쉽게 흔들릴 것이다. 그만큼 삶에서 일과의 공존이 위태로워질 수밖에 없다. 하루에 잠자는 시간을 제외하면 일하는 시간이 대부분이기 때문에, 일에 확신을 가지고 나를 지탱하는 철학이 있다는 것은 매우 중요한 일이다. 철학을 바탕으로 개인이나 기업의 기준 또는 경영 이념이 성립되고, 꾸준히 나아갈 추진력을 얻을 수 있다. 그때 비로소 성과로 이어지고, 또 그 성과물이 세상에 이롭게 쓰일 수 있는 것이다.

물론 일이란 그저 밥벌이일 뿐, 주어진 일만 잘 마무리할 수 있으면 된다고 생각하는 사람들이 있다. 하지만 이렇게 생각해 보자. 만약 해적선에 타서 열심히 노를 젓고 약탈을 한다면 그것이 가치 있다고 할 수 있을까. 아무리 최선을 다한들 도적질을 떳떳하고 의미 있는 일이라고 할 수 없을 것이다. 본질적으로 일은 세

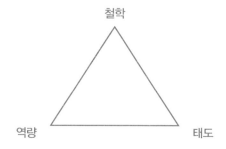

일의 균형

상에 이로운 가치가 있어야 한다.

일에 대한 철학과 역량 그리고 일을 해내는 태도, 이 세 가지가 균형을 갖출 때 내가 하는 일이 성과와 가치를 만들고 세상에 선한 영향력을 끼칠 수 있다. 철학만 갖추는 것은 공허하다. 실질적인 솔루션을 만들 수 있는 역량이 없다면 아무리 좋은 비전이 있더라도 꿈에 그친다. 열정과 사명을 갖춘 좋은 태도의 유무에 따라 결과는 달라질 수 있다. 이 세 가지가 바로 본질적인 일의 기본이라고 할 수 있겠다.

예를 들어, 일본의 대표적인 경영 구루였던 故 이나모리 가즈오 회장은 그의 저서 《왜 일하는가》에서 일에 대한 그의 철학을 이야기했다. "전 종업원의 행복을 물심양면으로 추구함과 동시에 인류, 사회의 진보 발전에 공헌하는 것"이 그의 경영 철학이었다. 이후 교토 세라믹, 現 교세라는 세라믹 부품 제조업체에서 파인 세라믹스, 솔라 시스템, 휴대전화, 복사기 등 다양한 전자기기를 생산하는 회사로 성장하기에 이른다.

결국 기업은 오직 고객과 시장에 선한 방향으로 철학을 정할 때 힘을 가질 수 있으며, 그때 비로소 지속 가능한 기업으로 변모할 수 있다.

미션-비전-가치의 피라미드

좋은 회사의 기준은 사회적 가치를 만들며, 직원이 행복하고, 직원을 부자로 만드는 회사다. 철학을 실현하기 위해서는 로드맵을 그려야 한다. 단계별로 우선순위를 정하고 또렷한 방향과 목표를 설정해 나가야 한다. 이때 미션과 비전, 가치를 그리면 좀 더 구체적으로 쉽게 이해할 수 있다.

• 비전

비전은 쉽게 '꿈'을 갖는 것과 비슷하다고 생각하는 경우가 많다. 그런데 우리가 얘기하는 꿈이 무지개처럼 다소 막연한 것이라면 비전은 구체적이며 실현 가능한 꿈을 말한다.

비전은 긴 시간을 거쳐서 최종적으로 만들어져야 하는 상태^{States}를 말한다. 비전에는 양적인 비전과 질적인 비전이 있다. 예를 들어 직장인에게 질적인 비전은 '조직 내에서, 혹은 우리나라에서 디자인 분야 최고가 되겠다', '10년 혹은 20년 내로 임원직에 오르겠다'일 수 있고, 양적인 비전은 '재테크를 통해 2030년도에는 재산 10억을 모으겠다' 등이 될 수 있다. 즉 비전은 실체가 있으며 측정과 평가가 가능한 것을 뜻한다. 실현되었는지 실제로 측정하고 피드백하여, 부족한 부분에 대한 해결책을 찾아야 한다.

기업의 비전은 양과 질적인 부분이 명확하게 정리되어야 직원들이 혼란스럽지 않다. 이때 조직의 비전은 대표자나 오너 혼자만의 것이 아니라 모든 직원이 함께 만들어가는 꿈이므로 톱다운(계층의 가장 상위부터 시작하여 하위로 내려오는 방식)과 바텀업(하위부터 시작하여 상위로 올라오는 방식)을 여러 번 교차하면서 함께 비저닝Visioning에 참여하는 것이 중요하다. 물론 모든 구성원이 참여하기에는 물리적인 한계가 있겠지만, 최소한 공통의 장기적인 목표인 비전에 대해 직원들의 의견을 반영할 수 있는 구조를 만들어야 한다는 것이다.

기업의 비전을 통해 기업의 경영 이념이 만들어지는데, 그 이념을 로드맵으로 정리해 매년 단위의 경영 계획을 통해 완성해가는 것이 바른 비저닝 방법이다. 대신 이는 간단 명료하게 정리할 필요가 있다. 예를 들어 대학 평가 10위권 밖에 있는 대학이 비저닝을 할 때 중요한 질적 비전은 '대학 평가 Top 10 in 2030'이라는 간단한 메시지가 될 수 있다. 그보다 복잡하면 조직원들이 기억할 수도 없을뿐더러 오래 가기도 어렵다.

실제로 내가 모 지역 지자체장님에게 자주 한 말이기도 하다. 대부분의 지자체에서는 지나치게 많은 목표를 가지고 있는 경우가 많다. 또한 그 목표는 수치로 정리되거나 평가 가능한 것들이 아닌 개념적인 문구가 대부분이다. 문제는 지자체장의 임기는

4년이고, 지방은 탁월한 인재 풀^{Pool}도 수도권에 비해 부족할 가능성이 높다는 점이다. 그래서 모든 것을 해내기 위해 욕심을 부리기보다는 집중해야 하는 우선순위 세 가지 정도에 몰두하라는 조언을 드린다.

'1, 10, 100 법칙'과 같은 맥락이다. 지역에 1천억짜리 기업이 1개, 500억짜리 기업이 10개, 100억짜리 기업이 100개 있으면 많은 문제가 해결될 수 있다는 논리다. 지역에 세금을 내는 기업이 늘어나면 그 세금을 통해 해결할 수 있는 문제가 대부분이다. 이처럼 뚜렷하고 손에 잡힐 수 있는 비전을 먼저 설정하는 것이 제대로 방향성을 잡고 나아가기에 유리하다.

실제 기업들의 비저닝 사례를 살펴보자. 미국의 자동차 제조, 판매 회사인 포드는 자동차의 양산과 대중화라는 엄청난 혁신을 이루었다. 포드 설립자인 헨리 포드_{Henry Ford}는 이 혁신에 이르기까지 자신의 비전에 대해 이렇게 말한 바 있다.

"10~20년 후 우리 꿈이 이루어졌을 때 미국 길거리에 말과 마차는 사라지고, 대신 우리가 만든 자동차가 짐과 사람들을 실어 나르며 우리 노동자들은 자신이 만든 자동차를 몰고 다닐 것이다."

사람들이 말과 마차를 이용해 먼 거리를 이동하던 당시, 포드

비전하우스

가 좀 더 화려한 마차 또는 좀 더 빨리 달리는 마차를 만들고자 했다면 어땠을까. 지금 우리가 타고 다니는 자동차는 시간이 한참 더 지난 후에나 만들어졌을 것이고, 인간 문명의 발전 속도도 그만큼 늦어졌을 것이다.

아마존과 P&G의 비전은 우리 삶의 질을 과거와 비교할 수 없을 만큼 향상시켰다. 아마존의 비전은 "지구상에서 가장 고객 중심적인 회사가 되는 것"이었다. 사람들이 온라인에서 구매하고자 하는 것이라면 무엇이든 찾을 수 있는 곳을 만들겠다는 포부였다. P&G는 "지금과 다음 세대를 위해 전 세계 소비자의 삶의 질을 향상시키는 최상의 품질과 가치를 지닌 제품과 서비스를 제공할 것"이라는 비전을 내세웠다. 소비자들을 통해 매출과 이익을 얻는 데에 그치지 않고 임직원들과 주주, 또 지역 사회까지도 더불어 번영할 것으로 기대했다. 또한 내가 가장 배우고 싶던 최고 기업 서비스마스터의 비전은 다음과 같다.

"To be the leading provider of essential services, powered by trusted experts and unmatched convenience delivered in a world-class customer experience. (세계적 수준의 고객 경험에서 제공되는 신뢰할 수 있는 전문가와 타의 추종을 불허하는 편리함을 바탕으로 필수 서비스를 제공하는 선도적인 제공 업체가 되는 것입니다.)"

애플의 스티브 잡스Steve Jobs는 2005년 스탠퍼드 대학 졸업식에서 연설을 하며 젊은이들을 향해 "Stay hungry stay foolish."라는 말을 남겼다. 직역하면 인생을 간절하게 살고, 우직하게 살라는 것이다. 리더십이 탁월했던 인물로 평가받지는 않지만 크리에이티브로서 분명히 인정받을 만한 삶을 살았다. 그는 넓은 우주 가운데 점 하나를 찍겠다는 비전이 있었다. 비전을 가지고 있었기 때문에 아이팟과 아이폰이라는 라이프 스타일을 바꾼 제품을 만들 수 있었다. 꿈을 이루기 위한 열정과 사명을 바탕으로 놀라운 발전을 해낼 수 있던 것이다. 이처럼 비전은 가슴을 뛰게 한다. 그리고 세상을 바꾸는 원동력이 된다.

• 미션(사명)

미션은 개인이나 조직이 가지는 목적이며 존재 이유다. 미션과 가치를 근거로 삶과 일에서 자신만의 비전을 정립해야 한다. 사람들이 비저닝을 작성할 때 미션과 비전의 순서에 대해 고민하는 경우가 있다. 답은 심플하다. 조직의 존재 이유와 목적이 있을 때 그것을 실현하기 위한 꿈이 필요하다. 즉, 미션은 방향이며 비전은 미션을 수행하는 방법이다.

미국은 1800년대 후반에 노예 해방이 이루어졌을 정도로 보수적인 사회였다. 링컨 대통령이 노예 해방을 시킨 이후 많은 활동이 있었지만, 유색인종이 미국에서 인정받고 마침내 대통령까지 나올 수 있었던 것은 수많은 비저너리Visionary들의 작은 행동과 변화가 차곡차곡 쌓여 왔기 때문이다. 대표적으로 마틴 루터 킹Martin Luther King의 'I have a dream'이라는 제목의 연설이 있다. 1963년, 마틴 루터 킹은 당시 백인들 사이에서 차별받던 흑인들에 대해, 앞으로는 흑인들이 존중받고 세상에서 제 역할을 할 수 있는 세상을 꿈꾼다는 연설을 했다.

"나에게는 꿈이 있습니다. 언젠가 이 나라가 깨어나서, '우리는 모든 사람이 공평하게 창조되었다는 자명한 이념을 신봉한다'는 미국의 신조 안에 깃든 참뜻 속에서 살아가는 것이 그 꿈입니다."

이 연설은 당시 큰 메시지를 남겼고 많은 사람에게 꿈을 심어 주었다. 이를 시발점으로 미국 사회에는 커다란 변화가 이어졌다. 루터 킹 목사가 꾼 꿈과 사명은 여러 비저너리를 거치며 현실화되었다. 흑인인 버락 오바마 전 대통령이 2009년 미국 대통령으로 취임하고, 재선까지 성공하는 기록을 남겼다. 1920년대 중반까지만 해도 미국의 남부 도시에서는 KKK와 같은 단체가 흑인들을 공적인 재판이 아닌 사형(私刑)을 집행하던 때가 있었는데, 90년 만에 세상이 완전히 바뀐 것이다. 이것이 바로 '미션'의 힘이다. 미션이란 결국 비전을 누가, 어떻게 실현할 것인가 하는 문제다. 바로 내가 그 주인공이 되어서 문제를 해결하고 비전을 이루겠다는 개념이 미션 즉, 사명이다.

  사람이 사명을 가지고 일할 때와 그렇지 않을 때의 차이를 극명하게 보여주는 하버드비즈니스리뷰^{HBR}에서 조사한 사례가 있다. 중국 상하이의 한 구역에 발 마사지 숍 두 군데가 있는데, 그중 한 곳은 문전성시를 이루었지만 한 곳은 파리만 날리기 일쑤였다. 왜일까? 잘되는 마사지숍의 사장은 직원에게 이런 질문을 자주 던졌다고 한다. "당신은 무엇을 하는 사람입니까?" 만일 "저는 발 마사지를 하는 사람입니다."라는 대답이 돌아오면 그는 이렇게 말했다. "아니요, 당신은 지친 사람들의 스트레스를 줄여주고 에너지를 불어넣는 사람입니다." 자신이 그저 남의 발을 주무르는 사람이라고 생각하면서 일하는 직원과 사람들을 위해 가치 있는 일을 하고 있다고 생각하는 직원은 일을 대하는 자세부터가 다르고, 그것은 고스란히 결과로 드러난다.

• 가치

가치는 기업이 가져야 하는 핵심 가치를 애기하며 조직 행동의 기준이 된다. 비전과 미션은 세상에 대한 가치를 실현하는 것으로 이어진다. 사회에 해를 끼치는 것이 아니라면 어떠한 일이든 각각의 가치를 통해 사회에 공헌하게 된다. 정보가 넘쳐나는 이 시대에는 어떤 기업이 어떤 비전을 가지고 세상에 어떤 가치를 만들지가 비즈니스의 핵심이 되기도 한다. 이때 가치의 실현은 성공이 아니라 꿈의 성취를 통해 구현된다.

잭 안드라카^{Jack Andraka}라는 소년은 15살에 췌장암 조기 진단 키트인 '옴미터^{Ohmmeter}'를 개발한 바 있다. 잭 안드라카는 친하게 지내던 이웃집 테드가 췌장암으로 사망한 뒤 큰 충격을 받고 췌장암에 대한 정보를 수집하기 시작한다. 당시 췌장암 환자의 85%가 조기에 암을 발견하지 못하고 한참 후에 치료를 시작해 생존율이 매우 낮았다. 췌장암 진단 방식의 비용이 800달러나 되는데 반해 정확도는 떨어졌기 때문이다. 60년 전 췌장암 진단법 이후로 발전된 내용이 없었다. 잭 안드라카는 200명의 대학 교수들에게 췌장암 연구를 위해 실험실을 빌리고 싶다는 메일을 보냈다. 그리고 미국 존스 홉킨스 대학의 아니르반 마이트라^{Anirban Mai-tra} 교수가 유일하게 실험실을 빌려주겠다고 응답했다. 잭 안드라카는 실험실을 대여해 7개월 동안 구글 검색만으로 정보를 수집했고, 췌장암에 대해 연구했다. 그 결과 마침내 99% 정확도에 달하는 조기 진단 방법을 찾아냈다. 그것이 바로 옴미터였다. 이를 통해 5분 만에 췌장암을 진단할 수 있었고, 가격은 겨우 3센트에 불과했다. 비용이 저렴하기 때문에 많은 사람들이 조기에 췌장암을 진단했고 자연히 생존 가능성도 높아졌다.

비슷한 사례로 13살의 창업가 슈밤 배너지Shubham Banerjee는 저렴한 시각 장애인용 점자 프린터를 개발했다. 당시 시각 장애인용 점자 프린터는 비용이 무려 1만 달러 이상이었고, 사실상 시각 장애인들은 이를 이용하기 어려웠다. 슈밤 배너지는 가난한 사람들을 위한 점자 프린터를 개발하고 싶다는 마음으로 연구를 거듭한 끝에 레고 블록을 이용해 한화로 40만 원 이하의 저렴한 점자 프린터를 개발하는 데 성공했다. 이후 본격적으로 회사를 창업해 점자 프린터 개발에 나서기도 했다. 그가 이처럼 저렴한 비용의 프린터를 보급하고자 한 이유는 무엇일까. 돈보다는 가난한 사람들이 실제로 사용할 수 있는 점자 프린터를 만들겠다는 가치에 집중했던 것이다.

일을 통해 가치를 만든다는 것은 곧 지금보다 조금 더 나은 세상The next society을 만들고자 하는 정신Spirit이다. 내가 하고자 하는 일에 대한 철학이 잘 정리되면 궁극적으로 사회에 선하고 가치 있는 영향력을 끼칠 수 있고, 돈은 자연스럽게 따라온다. 내가 꼭 대단한 위치에 있어야 훌륭한 일을 할 수 있는 것이 아니다. 중요한 건 어떤 자리에 있느냐가 아니라 어떻게 일하느냐의 태도다. 그것이 일에 대한 하나의 철학이 되는 것이다.

이처럼 철학을 정립하는 것이 중요한 이유는 내가 흔들리지 않고 그 일을 꾸준히 해나가는 원동력이 되기 때문이다. 열정과 사명을 바탕으로 계속 성장하는 사람들은 그만큼 영향력이 커지고, 그렇지 않은 사람과 격차는 점점 벌어진다. 요즘은 자신이 일을 왜 하는지 알지 못한 채로 미래에 대한 기대나 의욕을 버린 젊은 청년들이 많다. 미래에 아무것도 이루지 못하리라는 체념도, 반대로 나이가 많아 더 이상 새로운 것을 받아들일 수 없다는 무력감도 우리 삶에 아무 도움이 되지 않는다. 내가 어떤 일을 하고 있든, 그 자체가 사회의 일부로 훌륭한 가치를 실현하고 있는 셈이니 충분히 자부심을 가져도 좋다. 철학을 바탕으로 좀 더 높은 가치를 실현할수록 우리는 분명히 더 행복해질 수 있고, 사회는 점점 발전할 수 있다. 결론적으로 철학이 있는 기업은 사회 변화에 대한 감수성이 높아 지속 가능 경영을 할 가능성이 높다.

나는 무엇이 될 것인가

2000년대 초중반까지 명문대학으로 유명한 하버드 대학에 입학했던 우리나라 학생 중 약 1/3 정도가 중도 하차를 했다고 한다. 하버드를 목표로 열심히 달렸지만 입학 자체가 인생 목표의 전부였던 탓에, 막상 입학한 뒤에는 그곳에서 뭘 해야 할지 모르는 것이다. 대학에 입학하는 것이 전부가 아니라 그곳의 교육을 통해 어떻게 꿈을 키우고 세상에 기여하며 공헌할지 생각해야 하는데, 우리나라 교육에서는 사실상 대학 입학 자체를 목표이자 목적으로 가르치고 있다. 그러다 보니 목표로 하던 걸 이루고 나면 오히려 다음 단계를 찾지 못하고 방황하는 청춘들이 적지 않다.

지금의 중국은 상황이 달라졌지만, 내가 중국을 자주 오가던 2015년에서 2017년 무렵 중국에서는 스타트업 기업이 하루에도 수천 개 이상 런칭되었다. 당시 기사를 보면 2010년 이후 중국의 스타트업 숫자가 2배로 늘어나며 2014년 말에는 160만 9천 7백 개에 이른다는 통계가 있다. 그런데 그들 대부분이 세상을 바꾸고 비즈니스의 판도를 바꾸겠다는 비전을 가지고 있다는 사실에 당시 큰 충격을 받았다. 또한 이러한 스타트업 기업들로 한중의 경제적 격차가 더욱 벌어지지 않을까 하는 우려도 들었다. 하지만 최근 중국 북경대나 청화대 졸업생 70%가 쉽고 안정적인 공무원에 취업하려 한다는 통계 자료를 보면 상황이 크게 달라지지는 않은 듯하다. 그러나 꿈은 그 사회와 나라를 변화시키는 가장 큰 원동력임을 잊어서는 안 된다.

비슷하게 우리나라의 대학 졸업생 중에서도 60% 정도가 전공과는 상관없는 일을 한다고 한다. 사실 대학을 갈 때부터 자신의 관심이나 적성보다는 성적에 맞춰 적당한 학과를 선택하는 경우가 많을 것이다. 중요한 것은 좋은 간판을 달고 있는 곳에 일을 하느냐가 아니라 어떤 비전을 향해서 어떻게 나아갈 것이냐 하는 점이다. 대학이라는 목표는 내가 하고 싶은 일을 준비하는 관문인 만큼, 그 자체가 목표가 되어서는 안 된다.

만약 일하는 목표가 단지 '집의 평수를 넓혀가는 것'이라면 어떨까. 일을 하다 보면 집을 마련할 수는 있을 것이다. 하지만 평범한 사람이 아무리 뼈를 깎아 가며 일을 해도 죽기 전까지 100평 넘는 집을 사는 것은 현실적으로 어렵다. 또한 아무리 넓은 집에 산다고 해도 결국 만족감은 점점 낮아질 것이다. 마찬가지로 만약 당장 100억을 가지면 행복해질 것 같을 것이다. 언젠가 목표를 달성해 만족할 수는 있겠지만 그 자체가 삶의 행복을 가져다준다고 볼 수는 없다. 물론 우리가 일하는 중요한 이유로 돈을 빼놓을 수 없는 것도 사실이지만, 아브라함 매슬로우^{Abraham Maslow}의 욕구 이론을 살펴보면 인간의 욕구 중 가장 상위 개념에는 자아 실현이 있다. 자신의 잠재력을 꺼내어 능력을 발휘하고 싶은 욕구다. 사람은 좀 더 높은 가치를 실현할 때 궁극적으로 행복을 느끼는 존재인 것이다.

실제로 나는 1년에 한 번 정도 함께 일하는 리더들과 파주에 있는 연수원에 가서 우리가 하는 일의 목적과 일의 가치에 대한 이야기를 많이 나누었다. 사회에 기여하는 회사의 목적을 자신의 미션으로 받아들이고, 회사와 함께 개인도 성장하고 변화하겠다는 마음을 가졌던 리더들은 그만큼 발전 속도가 빨랐다. 그렇다면 우리는 일을 통해 무엇이 되고자 나아가야 할 것인가. 일하며 도달하는 단계를 크게 두 갈래로 분류하면, 일반적인 경영자 과정을 밟는 제너럴리스트^{Generalist}와 어떤 분야의 전문가인 스페셜리스트^{Specialist}로 나눌 수 있다. 사실 어느 단계부터는 이 둘을 완전히 분리하기는 어렵다. 전문가 역량을 갖추는 동시에 리더로서 훌륭한 경영자가 될 수 있다면 가장 좋은 모델이라고 할 수 있다.

나는 경영자로서 함께 일하는 사람들을 리더로 성장하도록 만들겠다는 꿈을 가지고 있었기 때문에, 직장에서 제너럴 스페셜리스트를 목표로 해야 한다는 사실을 항상 강조했다. 무엇보다 스스로 전문가이자 경영자로서 역량을 키워야 몇십 년 후에도 지속적으로 발전하고 일의 즐거움을 느끼며 가치를 창출할 수 있기 때문이다. 그저 직장 생활을 견디면서 무기력하게 하루하루를 보내면 몇 달, 몇 년이 지나도 결국 아무것도 바뀌지 않는다. 내가 일을 통해 어떤 모습으로 성장하고 싶은지 꿈을 그려 볼 때, 일에 대한 태도가 달라지고 그만큼 성장의 폭도 커질 수 있다. 당장의 목표를 향해서만 경주마처럼 달릴 것이 아니라, 나를 위한 삶의 방식을 찾고 자아 실현을 통해 높은 수준의 행복을 느낄 수 있다면 꿈을 품고 노력할 가치는 충분하다.

주연인 것처럼 일하라

드라마나 영화를 보면 주인공 뒤로 스쳐 지나가는 엑스트라들이 많이 나온다. 사건의 중심에 있는 주인공과 달리 무표정한 얼굴로 지하철에 몸을 싣거나 사무실 책상에 앉아 무언가를 바쁘게 하는 듯 보이기도 한다. 그들 모두가 회사와 사회의 일원이지만 동시에 무슨 일을 하는지 알 수 없는 배경으로 지나가 버린다. 실제로 현실에서 수없이 볼 수 있는 모습이기도 하다.

모두 자신의 삶에서는 오로지 자신이 주인공이다. 우리는 조연이나 엑스트라가 아니라 주연이 되어야 한다. 주연이 안 되더라도 주연처럼 연기해야 한다. 처음 주어진 엑스트라 연기조차 주연처럼 할 수 있는 배우가 나중에는 결국 명배우가 되는 법이다. 하루를 시작하고 직장에 출근할 때도 그저 축 처진 채로 꾸역꾸역 움직이는 것이 아니라, 바로 내가 이 드라마를 이끌어 간다는 주인공의 마음을 갖는 것이 중요하다. 아무 생각 없이 하루하루를 살아내다 보면 정말로 내가 회사의 작은 톱니바퀴 중 하나가 되어 버린다. 물론 아무리 작은 톱니바퀴라도 없어서는 안 되는 중요한 역할들을 하고 있지만, 매일 똑같은 루틴으로 일하는 데 안주하면 미래의 더 큰 가능성을 스스로 멈추는 셈이다. 반대로 아무리 작은 회사라도 그 안에서 대표인 것처럼 생각하면서 일하다 보면 그 시간이 결국 나를 더 발전시키고 성장시킨다.

이는 직장에 충성하라는 의미가 아니라 직장을 통해 성장해야 한다는 이야기다. 내가 인생의 주체라는 의식을 가지고 주인공처럼 일한다면 회사에서 어떤 역할을 맡든 스스로가 아주 중요한 사람이 될 수밖에 없다. 그렇게 조직 내에서 성과를 인정받으면 나의 자존감도 높아지고, 다른 조직에 가더라도 능력을 인정받을 수 있다. 만약 우리가 경영자처럼 일하지 않고 로봇처럼 형식적으로 일한다면 10년을 일해도 사실상 똑같은 하루를 10년 동안 반복하는 셈이다. 그렇다면 내 인생에서 오늘이 최정점인 사람이 되는 것이다. 더 이상의 미래가 없는 삶이다. 결국 중요한 것은 어떤 곳에서 일을 하느냐가 아니라 어떻게 일하느냐 하는 점이다.

개인적으로 미술품에 관심이 많아 관련 직종 사람들을 많이 만나는데, D미술관에 가면 직원들이 일을 좋아하고 또 잘하고 싶어 한다는 느낌을 받는다. 내부 리더들을 통해 들어보면 직원들이 월요병에 시달리기는커녕 주말이 지나면 오히려 출근을 반가워하는 분위기라고 한다. 이는 조직의 분위기가 자율적이고, 전시와 관련된 일에만 몰입할 수 있는 문화 덕분인 듯하다. 내가 좋아하는 일에 몰두할 수 있는 환경에서 개개인이 더욱 성장하는 분위기가 형성되는 것이다. 스스로 주인공이 되어 주체적으로 일하는 사람은 일하는 과정에 집중하며, 무언가 부족하거나 불편할 때는 개선하려고 노력한다. D미술관 직원들이 주말에도 자율적으로 나와서 일하거나, 출근하지 않을 때 집에서도 관련된 일을 계속하는 이유는 좋은 회사와 문화 속에서 스스로도 일을 더 잘하기 위해 꾸준히 발전을 꾀하기 때문일 것이다. 그리고 그 덕분에 코로나 이전까지 D미술관에는 오피니언 리더라고 할 수 있는 20~40대 여성 관람객이 1백만 명 넘게 방문했고, 대중 1천만 명에 해당될 만큼의 영향력을 발휘하고 있다는 통계가 나타나기도 했다.

조직에서 자신이 무엇을 향해 일하는지 분명히 알고 성장 가능성을 품고 있는 사람들은 신입사원 때부터 일하는 방식이 다르다. 사장이 될 인재는 신입사원 때 일하는 모습만 봐도 안다고 한다. 회사에 신입으로 입사했을 때 주어진 신입사원의 역할만 하면서 정해진 틀 안에서 움직이는 사람이 있는가 하면, 적극적으로 일에 뛰어드는 사람이 있다. 이들은 보통 두 단계 이상의 직급을 맡은 것처럼 일한다. 사원인데 대리처럼, 대리인데 차장처럼, 차장인데 임원처럼 일하는 것이다. 더 높은 직급처럼 일한다는 것은 회사가 주는 돈의 가치가 커지는 만큼 그에 상응하는 역할과 성과를 보이려 한다는 뜻이다. 즉 책임감을 가지고 일하는 태도를 보이는 만큼 당연히 같은 직급의 동료들에 비해 성과가 더 좋을 수밖에 없다.

미국에서는 일한 만큼 대우받는 문화가 정착되어 있어 똑같이 입사해도 연봉의 차이가 큰 경우가 많다. 연봉이 100만 달러인 사람과 10만 달러인 사람, 3만 달러인 사람으로 나뉘는 이유는 일에 대한 태도가 다르기 때문이다. 주어진 일만 기계적으로 처리하겠다고 생각하는 사람들은 연봉 3만 달러에 머물고, 조금 더 도전해서 조직이 원하는 것 이상의 퍼포먼스를 내는 사람들은 10만 달러에 이르며, 일의 구조 자체를 혁신적으로 바꾸는 사람들은 100만 달러 이상의 가치로 성장한다. 태도나 가치관에 따라 성과의 결과에도 차이가 발생하는 것이다. 단순히 근무 시간에 쫓겨 사는 월급쟁이가 되는 것보다는 내 가치를 높이기 위해 에너지를 쓸 수 있어야 한다.

주체적인 삶과 미래를 만들어 가려고 노력했을 때 기대치보다 한두 단계씩 높은 결과를 얻을 수 있다. 또한 직장에서 좋은 성과를 내는 것은 물론, 넓은 시야로 일의 전체를 꿰뚫어 보고 그러한 능력을 어디에서나 적용할 수 있는 역량을 키워야 한다. 최종적으로는 좋은 리더가 되고, 제너럴리스트와 스페셜리스트로 구분되지 않는 제너럴 스페셜리스트가 되어야 하는 것이다.

평생직장이 없는 세상이라고 하지만 평생 해나갈 '일'은 존재한다. 이 세상에서 내가 어떤 역할을 할 것인지, 어떤 의미 있는 일로 기여할 것인지 찾는다면 그 자체가 중요한 노후 준비까지도 될 수 있다. 만일 소금을 판다면 좀 더 좋은 소금을 팔고, 보다 효율적인 방법을 선택해야 하지 않겠는가. 내가 주인공이 되어 한 편의 드라마를 쓸 것인지, 단순히 엑스트라로 지나가는 장사꾼으로 남을 것인지는 자신의 선택이다.

사명을 가지면 세상은 내일 조금 더 나아진다

주말 아침에 느긋하게 커피를 내려 마시는 시간, 또 퇴근하고 집에 돌아와서 마시는 맥주 한 잔. 일명 '소확행', 소소하지만 확실한 행복은 분명히 우리의 삶을 더 윤택하게 만든다. 청년들의 관점에서 보면 미래에 대한 큰 기대나 원대한 비전을 가지기 어려운 사회가 되며 눈앞의 하루하루에서 만족감을 누릴 수 있는 방법을 더욱 찾는 듯하다. 특히 요즘은 MZ세대를 중심으로 워라밸을 중시하는 문화가 자리잡고 있는 추세다. 물론 워라밸의 가치도 중요하다. 하지만 한편으로는 눈앞의 여유와 일상의 소중함만큼이나 한층 더 크고 원대한 꿈도 분명히 필요하다. 그러한 꿈이 모여 세상을 변화시키고, 우리의 삶을 조금씩 더 좋은 방향으로 이끌기 때문이다. 또한, 우리의 삶은 현재와 미래의 영광을 만드는 방향으로 발전되어야 한다.

사실 요즘 뉴스를 보면 세상의 모든 일이 희망 없이 암울한 방향으로만 흘러가고 있다는 인상을 받을 때도 있다. 실제로 앞날이 막막하게 느껴지는 소식들만 연이어 들리다 보니 세상이 더 나아질 가능성이 없다는 생각이 들기 쉽다. 특히나 20대, 30대들은 내 힘으로 세상을 바꿀 수는 없을 거라는 체념과 좌절을 겪고 있는 경우도 많을 것이라고 본다. 그러나 절대 그게 전부는 아니다. 세상을 부정적으로만 바라보면 정말로 삶은 바뀌지 않는다. 당장 눈앞에 보이지는 않아도 세상은 하루하루 진보한다. 몇십 년 전을 생각하면 여러 절망 속에서도 우리의 가치관과 삶의 질은 분명하게 달라졌다. 직장이든 집이든, 각자 처소에서 분명한 철학을 가지고 자신의 일에 충실한 사람들이 모여 사회를 조금씩은 좋은 방향으로 바꾸었다. 결국 개개인이 하는 활동이 모여 하나의 사회를 이루는 것이기 때문이다.

당장 눈앞에 보이지는 않아도 10년이 지나고 20년이 지나면 이처럼 우리가 가진 철학이 세상을 올바른 방향으로 이끌고 있을 것이다. 그러니 절망할 것 없이, 내가 있는 위치에서 내가 할 수 있는 일을 하면 된다. 직장인이 갖는 철학이 거창한 것은 아니다. 사명감을 가지고 내 일을 해나가는 것이 결과적으로 사회를 더 가치 있게 바꾸는 길이다. 소확행도 워라밸도 좋지만, 현재에 너무 안주하면 미래를 꿈꿀 수 없기 때문에 균형을 맞춰 가는 부분이 필요하다.

10년 후의 내 모습은 어떨까. 자신 역시 세상과 함께 발전해 나가야 훗날에도 만족스러운 삶을 살아갈 수 있을 것이다. 우리는 일에 집중해서 더 큰 성장을 꿈꿀 수도 있고, 적당히 하루하루를 버텨 나갈 수도 있다. 다만 아무 의미 없이 지금을 연장할 뿐이라면 우리에게 남은 일생은 점차 쇠퇴하고 무력해질지도 모른다. 최소한 지금 이 순간을 의미 있게 살아갔을 때, 언젠가 세상을 떠나게 되는 그 순간에도 무섭기보다는 만족스럽고 행복한 마음을 느낄 수 있지 않을까. 일에 철학을 가지고 한 걸음씩 바른 결정과 바른 결과를 만든다면 우리의 인생뿐 아니라 이 세상도 조금씩 더 선한 쪽으로 변화할 것이다.

비즈니스의 철학을 정리하는 데 좋은 책
《창업자 정신》, 크리스 주크/제임스 앨런, 안진환 역, 한국경제신문사, 2016
《기업가 정신》, 피터 F. 드러커, 한국경제신문사, 2004
《가치관 경영》, 전성철/정진호, 쌤앤파커스, 2013

2.
기본에
충실하라

군 입대한 아들에게 쓴 편지

아들이 군에 입대했을 때 군 생활을 위해 아버지로서 몇 가지 당부를 편지로 써서 보냈다. 그 내용이 국방 라디오에도 소개된 적이 있는데, 사실 그렇게 거창한 조언은 아니었다. 오히려 누구나 알고 있을 만한 당연한 것들이지만 이를 다시 한번 되새겼으면 하는 마음에서 보낸 편지였다. 대략 내용은 아래와 같다.

항시 강조했던 영어와 중국어를 틈틈이 공부하여 미래의 기초를 쌓는 것이 어떤 일을 하든 필요할 것이기에 어려워도 군생활 중 어학이라는 성과를 만들고 나오길 바란다.

군대 생활이나 사회생활에서 가장 중요한 것이 좋은 태도를 가지는 것이고, 그것이 조직에서 사랑받는 최고의 비법이야. 첫째, 상사나 선임들에게 대답을 크고 시원하게 하고 둘째, 인사를 잘하고 셋째, 시간을 철저히 지키기. 넷째, 불편한 일이 있어도 인상 쓰지 않고 웃을 수 있는 여유가 있어야 함을 잊지 않았으면 해.

일반적으로 성공을 대단한 스펙을 가지거나 탁월한 퍼포먼스를 내야 하는 것이라 생각하지만 실상은 그렇지 않을 때가 많다. 인사를 잘하고, 긍정적이고, 시간을 잘 지키고, 박수를 잘 치고, 사람에 대한 바른 예의와 태도를 가지는 사람들이 의외로 성공하는 경우를 많이 본다.

만약 학생이라면 강의 시작 전에 미리 도착해서 자리에 앉고, 수업 중에는 필요한 내용을 잘 정리하고, 궁금한 것이 있다면 손을 들고 질문하는 것만큼이나 가장 기본적인 태도에 대한 이야기다. 그런데 이처럼 조직 내에서 사람들과 관계를 맺을 때 기본을 지키는 것이 군대뿐 아니라 학교, 회사, 또 사회 어디에서든 마찬가지로 가장 쉬우면서도 가져야 할 중요한 부분이다. 단순히 생각해도 시간과 약속을 잘 지키고, 먼저 나서서 배려하며, 적극적으로 참여하는 태도를 나쁘게 보는 사람은 없을 것이다.

나는 매월 본사에 있는 직원들을 대상으로 강의를 했는데, 주로 어떤 곳에서 일하는지보다 중요한 것은 '어떻게 일을 하느냐'라는 주제의 내용이었다. 어느 곳에서 일하든 유토피아 같은 조직은 없다. 잠시 스쳐 가는 경험이라 해도 그 경험이 소중하기에 최선을 다해 일하고, 고객의 불편을 해소하는 데 집중하라고 이야기했지만 쉽지는 않았다. 하지만 협력사의 직원 중에도 10% 정도는 일을 시켜서 하는 것이 아니라 자기가 주도권을 갖고 스마트하게 일을 했다. 이런 직원들이 일하는 모습을 보면 언제나 일관성이 있고, 자기 영역에서 고객의 불편을 찾아 스스로 해결하는 모습을 보여 주었다. 이런 직원은 매월 포상도 했지만, 협력사와 상의하여 회사로 이동시켜 관리자로 함께 일을 하기도 했다. 낮은 자리에서 최선을 다하는 직원은 어떠한 곳에서도 동일하게 일하니 인정받을 수밖에 없는 것이다.

현장에는 늘 주의 깊게 관찰하는 눈들이 있다. 일을 소중하게 여기고, 주도적으로 일을 하는 사람은 어느 곳에 가더라도 인정받고 성공한다. 현장에서 가장 중요한 것은 '일을 하는 태도'이다. 어느 곳에서 일하느냐보다 훨씬 중요한 원리는 어떻게 일하느냐다. 항상 첫 단추를 잘 끼워야 하고, 사소한 것을 지켜야 큰일을 할 수 있는 법이다. 일을 하다 보면 성과와 연결되는 것도 아니고, 상대적으로 별것 아닌 것처럼 느껴지는 부분들이 있을 것이다. 하지만 어려운 문제에 부딪혔을 때 복잡한 이론보다 오히려 교과서에 있는 내용이 답일 때가 있다. 아무리 역량을 발휘하려

해도 기본을 간과하고 있다면 시작부터 엉뚱한 방향으로 향할 가능성이 높다.

예를 들어 어떤 공장이 초정밀 스마트 팩토리로, 첨단 기계를 들여놓았다고 하더라도 주변 환경이 너저분하거나 장애물이 많다면 제대로 가동할 수 없을 것이다. 그래서 공장에서의 기본은 정리 정돈과 청결, 위생, 안전, 준법 같은 사항들이다. 실제로 공장에서 발생하는 사고는 다들 알고 있는 안전 수칙에 소홀해져서 일어나는 경우가 많다. 이를테면 안전모와 같은 기본적인 것들이 때로 불편하고 귀찮을 수도 있지만, 사고가 생겼을 때는 생명을 지켜 주는 가장 중요한 핵심이 된다.

경영자가 기대하는 100점짜리 지점장의 역량도 결국은 이런 맥락에 있다. 창의적이고 대단한 아이디어나 성과를 내는 것이 인정 받는 길이라고 생각할 수 있지만, 가장 우선은 바로 '기본'을 지키는 것, 그리고 원칙을 지키는 것이다. 청결, 영업 관리 원칙, 근태, 회사 정책의 준수, 정직 같은 기본 요소를 지키는 직원이 결국 가장 훌륭한 평가를 받는다. 이처럼 누구나 알고 있는 기본과 원칙을 지키는 것이 가장 쉬우면서도 가장 어려울 수 있다. 그러나 무슨 일을 하든 이를 마음에서 다시 한번 새기고 지키는 것이 다음 단계에 이르는 가장 안전하고 빠른 길이다.

면접관들의 공통 인식관

면접관은 대부분 대학교수나 관련 전문직 경영자들이다. 이들은 많은 인재를 접해본 만큼 면접을 볼 때 각자의 기준이 있다. 어떤 인재를 뽑는 게 좋은지 대화해 보면 모두 공통적으로 하는 이야기가 있다. 사실 면접을 보러 오는 사람들은 모두 최소한의 기준은 통과한 사람들이기 때문에 실력은 비슷비슷하다. 그래서 주로 기준으로 삼는 것은 '좋은 생각과 태도를 가진 사람인가?'이다.

면접 방식은 회사마다 다르며 사람마다 질문하는 내용도 다르다. 하지만 대부분은 그 사람의 태도나 역량을 확인하려고 한다. 미국에서는 아직도 압박 면접을 하기도 하는데, 이것은 완벽한 논리를 기대한다기보다 이를 통해 그 사람이 실수하거나 앞뒤가 안 맞는 말을 했을 때 반응하는 태도를 보려는 것이다. 오래 면접을 봐온 이들은 사람과 5분 정도만 대화해도 어느 정도 그 사람의 태도와 역량을 발견할 수 있다고 한다. 눈을 마주 보지 못하거나, 집중하지 못하고 딴짓을 하는 태도는 그 사람의 스펙과 상관없이 당연히 마이너스 요소가 된다. 일을 하는 데 있어 역량과 성과가 중요할 것 같지만 조직에서는 그 사람의 태도를 50% 이상 본다. 무엇보다 태도가 좋으면 다른 역량이 조금 부족해도 보완이 된다. 학습에 대한 의지와 계속해서 배워 간다는 철학을 가진 사람들은 역량이 부족한 부분이 있더라도 금방 학습해서 채울 수 있는 가능성을 가지고 있다.

또한 회사 입장에서는 좋은 태도를 갖추지 못한 사람을 뽑았는데 그 사람이 오래 일하면서 직책이 높아지면 그만큼 리스크를 안고 가는 셈이 된다. 태도가 나쁘다면 회사에서 사고를 치거나 회사에 위험을 가져올 확률이 높아지기 때문이다. 특히 능력이 좋을수록 고속 승진을 하면 회사에 미치는 영향도 커지는데, 그런 사람이 태도가 안 좋을 경우 회사에 어마어마하게 큰 피해로 돌아올 수도 있다.

무조건적인 성공만을 바라보고 달리는 태도는 결코 궁극적인 성장으로 이어질 수 없다. 실제로 내 주변에서도 어느 기업의 임원분이 직접 경험한 이야기를 들려준 적이 있다. 똑같이 영국 유학을 다녀온 26살 직원 두 명을 뽑은 적이 있다고 한다. A는 역량이 뛰어나지만 사람들과 잘 어우러지기보다는 이기적인 태도를 보일 때가 많았고, B는 역량은 다소 부족하지만 열정과 사명감을 가지고 있었다고 한다. 결국 A는 계속 그 자리에 머물며 기능적인 역할을 충족시키는 데 그쳤고, B는 시간이 지날수록 훨씬 빠르게 성장하여 정직원이 되었다.

직장에서 아무리 스펙이 훌륭한 직원이라고 해도 매일 지각하거나 근무 태도가 엉망이라면 팀원들과 원활히 소통하며 성과를 낼 수 있을까? 출퇴근 시간을 지키지 않는다든가 일해야 하는 시간에 딴짓을 하는 등 태도가 좋지 않으면 다음 스텝을 밟을 때 반드시 걸림돌이 된다. 물론 근태만으로 직원을 판단하는 것도 위험하지만, 근태가 엉망인 사람이 성과를 잘 내는 경우는 별로 없다.

　미국, 호주, 유럽 등 해외에서는 근무 시간에 스마트폰을 사용하지 못하는 경우도 있다. 일하기 위해 주어진 시간 동안 업무에 최선을 다하는 것을 가장 기본적인 근무 태도라고 보는 것이다. 근무 태도가 좋지 않은 사람은 극단적으로 말해 직장에서 죽은 영혼인 상태와 마찬가지다. 일을 주도하는 것이 아니라 일의 노예가 되어 끌려다니게 된다. 주도적으로 일하지 않는 사람은 직급이 올라가면서 오히려 역량이 떨어지기도 하는데, 이 현상을 '피터의 법칙'이라고 한다. 업무 성과를 바탕으로 승진을 결정할 때 현재의 역량으로만 판단하며, 중간 관리자나 리더가 되었을 때 책임질 만한 능력이나 태도는 고려하지 않았을 때 일어나는 일 중 하나다. 그래서 미국에서는 그 사람이 중간 관리자급이 될 때까지는 성과 퍼포먼스에 대해 승진 또는 급여로 보상하지만 CEO를 결정할 때는 회사에 대한 충성도와 태도를 본다. 역량이나 성과뿐 아니라 태도와 리더십이 결합되었을 때 그 사람에게 기업의 운명을 맡길 수 있다고 보는 것이다.

단언컨대 성공은 태도에서 결정된다. 인사를 잘하고, 친절하고, 시간을 잘 지키고, 필요한 리액션을 잘하는 사람들은 누구나 알아보고 좋아한다. 거기에 일에 대한 역량도 갖춘다면 평생 함께 일하고 싶은 사람이 되는 것이다. 그래서 일을 할 때 역량과 성과보다 더 중요한 것은 가장 사소한 기본을 지키는 것, 그리고 사람을 대하는 태도다. 태도가 먼저 갖춰진 다음에서야 역량과 성과가 빛날 수 있기 때문에 어떻게 보면 태도가 일의 기본이자 전부와 같다고 할 수 있다.

주변에 적을 만들지 마라

최근 내 주변의 50, 60대 경영자들을 보면 MZ세대 직원과 함께 일하고 싶어 하지 않는 경우가 종종 있다. 어느 정도 나이와 경력, 충성도를 가진 사람들이 조직의 일에 더욱 집중한다고 생각하기 때문인 듯하다. 통계 자료를 보면 MZ세대가 입사할 때는 평균 4년 정도 일할 생각으로 들어가는데, 조건이 맞지 않으면 쉽게 그만두고 다른 일을 찾는다고 한다. 그런데 아무래도 짧은 주기로 일을 계속 바꾸다 보면 전문성을 기르기 어렵다. 1만 시간의 법칙도 있지 않던가. 어떤 분야의 전문가가 되기 위해서는 그만큼 시간과 에너지를 투입해야 비로소 효과를 볼 수 있다는 이야기다. 심지어 세계 최고의 전문가가 되기 위해서는 10만 시간이 필요하다는 가설도 있다.

　요즘 MZ세대에는 그러한 전문가가 많지 않은 듯해 아쉬움이 든다. 물론 시대가 바뀌면서 일하는 방식이 달라지는 것도 이해하지만, 회사나 일을 통해 원하는 것이 있다면 본인이 할 수 있는 부분에 대해서는 근무 태도든 성과든 충성도든 균형감 있게 맞춰 갈 필요가 있다. 자유를 추구하는 것만큼이나 의무와 책임감에 충실한 것도 중요하기 때문이다. 그러한 균형이 잡혀 있어야 더 빠르게 성장할 확률도 높다. 자칫 MZ세대에 대한 사회적 인식이 부정적으로 고착화되면 당사자뿐만 아니라 모두가 피해를 입게 될 수 있다.

　한번은 아들에게 이런 질문을 던졌다. 왜 신조어와 슬랭 같은 표현을 쓰느냐고 말이다. 아들이 답하기를 요즘은 단어가 짧아지고 신조어가 많이 생기는데, 어차피 주변 친구들과 말이 잘 통하니 굳이 문제라는 인식은 들지 않는다는 것이었다. 그런데 사회에서 조직에 들어가면 다양한 계층과 연령대의 사람들을 만난다. 학창시절에 쓰던 비속어를 여전히 사용한다면 조직에 적응하고 융화될 수 있을까? 우리는 결국 그 사람이 쓰는 단어를 통해 그를 평가하고 이해한다. 조직에서 쓰지 않는 젊은 세대만의 단어를 사용하다 보면 다양한 사람들과 융화되기가 어렵다. 개인이 조직에 맞게 필요한 언어를 써야 한다.

자유로운 개성을 표출하는 것도 좋고, 당당한 태도를 가지는 것도 좋지만 조직 생활에서 정말 중요한 것 중 하나가 사람들과 잘 어우러지는 인간 관계다. 특히 무엇보다도 직장에서 적을 만들지 않아야 한다. 직원의 입장에서는 물론이고, 리더의 입장이라 해도 직원을 적으로 만드는 순간 탁월한 성과를 내는 것은 어렵다고 봐야 한다. 물론 상사에게 불편한 점을 가감 없이 표현하는 것을 당당한 태도라고 여기는 관점도 있지만, 상사의 꾸지람에 순종하고 심지어 퇴근할 때 선배들의 분위기를 살피는 것도 꼭 나쁜 것은 아니다. 선후배의 감정을 살피고 배려해서 내 편을 만드는 것이 오히려 앞으로 더 편해지고 행복해지는 방법일 수 있기 때문이다. 회사에서 밝은 표정으로 인사만 잘해도 상사 입장에서는 그 사람의 인상이 달라 보인다. 그 후 일까지 잘한다면 호감이 생기고, 좋은 기억이 지속적으로 쌓이면 이후에는 내 편이 되는 것이다.

사실 신입사원 입장에서는 업무에서 당장 이렇다 할 성과를 내기는 쉽지 않다. 오히려 이때는 함께 일하는 사람들과 좋은 관계를 만들어가는 것이 더 중요할 수 있다. 상사가 내 편이 되면 이후에 일을 하기도 훨씬 쉬워진다. 이러한 노력을 예전에는 '줄을 선다'는 부정적 표현으로 사용하기도 했지만, 오히려 그것을 '인적 네트워크'라고 볼 수 있다. 함께 일하는 동료를 내 편으로 만들고, 또 고객을 우리 서비스나 제품의 팬으로 만드는 것도 개인의 역량이다. 그렇게 할 수 있는 사람들이 사랑받고, 성장과 성공 가능성도 높다. 이는 개인의 스펙이나 역량이나 상관없이 누구나 할 수 있는 일이다. 또한 조직의 분위기에 도움이 되는 쪽으로 움직이는 건 결국 나를 위한 일이기도 하다.

현시대에 인적 네트워크는 성공으로 가는 지름길 중 하나다. 단, 주의할 점은 그 인적 네트워크에 속하지 않는 이들에게 차별적이거나 배타적, 심지어 폭력적인 방식으로 대해서는 안 된다는 것이다. 그저 네트워크를 통해 일을 조금 순조롭게 하거나, 작은 도움을 받는 것은 성공으로 가는 카드를 하나 장착한 것과 같기에 네트워킹의 소중함을 기억할 필요가 있다.

조직에서 적이 생길 경우, 그가 어떤 결정적인 순간에 내 발목을 잡을 가능성이 크다. 그래서 어떠한 경우에도 내외부에 적을 만드는 일은 삼가야 하고, 은연 중에 만들어지는 적조차 없도록 행동 하나하나 주의하고 경계해야 한다. 만일 승진 심사를 한다고 가정해 보자. 어떤 승진 단계에서든 조직의 상사, 동료, 후배들을 통해 평가를 하는 것이 기본이다. 그런데 이때 승진을 심사하는 조직이나 결정권자가 한 명으로부터라도 심각하게 부정적인 얘기를 듣게 된다면 그 직원이 승진을 하는 것은 물거품이 될 가능성이 크다. 따라서 조직 생활의 첫 번째 철칙은 적을 만들지 않고, 동료에게 부정적인 얘기를 하지 않는 것이다. 부정적인 얘기를 할 경우 그 얘기가 반드시 당사자에게 전달된다고 생각해야 한다. 부정적인 뒷담화가 전해질 경우 모든 해당자와 나는 그 시점부터 적이나 원수가 되는 것이다.

결혼을 하면 3년 동안은 입을 닫고, 눈을 감으라는 얘기가 있다. 그만큼 언행에 신중하고, 함부로 말하기보다는 듣는 데 집중하라는 얘기다. 고객에게 초점을 맞추는 비즈니스와 마찬가지로 동료들과 일할 때도 상대방의 입장에서 생각할 필요가 있다. 자신의 생각을 당당하게 노출하는 것은 좋지만 예의 바르지 않은 태도와는 다른 문제다. 아무리 뛰어난 역량이 있어도 이기적이고 건방진 태도로 상대방을 대하며 조직에 적을 만들면 언제든지 역공을 맞게 되어 있다. 좋은 회사에는 좋은 직원이 있어야 한다. 상사와 동료들과 좋은 관계를 갖는 것이 궁극적으로 나를 둘러싼 환경을 더 좋게 만들고 조직을 성장시키는 일이다.

약점은 고쳐 나가야 한다

한동안 성격 유형 검사인 MBTI가 유행했다. 검사할 때마다 MBTI가 바뀌는 경우도 많지만, MBTI 협회에서는 검사 상황에서 변수가 있을 수 있을지언정 기본적으로 '타고난 유형은 변하지 않는다'고 말한다. 사람에게는 누구나 타고나는 성향이나 품성이 있다. 그것은 어느 정도는 지속되고 변하지 않는 것이다. 하지만 자신에게 선천적으로 주어진 조건을 점점 더 좋은 형태로 변화시키려는 노력은 분명히 의미가 있다. 내가 가지고 있는 품성에서 일반적으로 강점이라 볼 수 있는 요소는 강화하고 약점은 줄여나가는 것이다.

일을 하다 보면 내가 가지고 있는 여러 개의 고리 중에서 특히 약한 부분이 가장 먼저 끊어진다. 크리티컬한 약점은 일할 때 심각한 문제를 발생시킬 수 있기 때문에, 그런 부분이 있다면 반드시 개선해야만 발전해나갈 수 있다. 예를 들어 인품은 매우 훌륭한데 대화를 할 때 독특한 자기만의 습관이 상대방을 매우 불편하게 한다면 그러한 말투는 반복적인 훈련을 통해 고쳐야 한다는 것이다.

내가 대학을 다닐 때만 해도 사진을 찍을 때 남자들이 웃는 표정을 짓는 건 상상할 수 없는 일이었다. 나 역시 그것을 수치로 생각하고 있었기에 사진은 늘 근엄하게 찍어야 했다. 그런데 회사에 입사하고 보니 고객을 대할 때 제일 중요한 것이 바로 친절한 표정, 웃는 얼굴이었다. 심지어 회사에서는 신입사원 교육 과정을 통해 매일 오전, 오후에 두 번씩 인사할 때의 웃는 얼굴을 가르치기도 했다. 웃을 때 치아 8개가 보여야 한다는 것이다. 웃지 않는 오래된 습관을 고치기 위해 나는 하루에 한 시간씩 거울을 보며 웃는 연습을 6개월 동안 지속했다. 사람을 만날 때도 되도록 웃으려고 노력해 언제부턴가는 고객을 대할 때 반사적으로 웃는 얼굴로 대할 수 있게 되었다. 여전히 사진을 찍을 때는 자연스럽게 치아 8개를 노출하고 있다.

작은 태도 하나가 사소해 보일 수도 있지만 언젠가는 치명적인 약점으로 돌아올 수 있다. 이를 고치기 위해서는 스스로 깨닫고 훈련하는 과정이 필요하다. 부정적인 요소를 줄이고 긍정적인 요소를 강화하는 연습을 통해서 오래된 약점을 극복한다면 결국 그것이 자신의 장점으로 자리 잡게 될 것이다.

열정과 사명을 가진 사람은 다르다

작은 역할이라도 최선을 다하는 사람들이 있는가 하면 짧은 기간 필요한 돈만 벌겠다는 생각으로 일하다가 책임감 없이 그만두기를 반복하는 사람들도 있다. 과연 우리는 자신의 일에 대한 열정과 사명을 가지고 일하고 있을까. 나는 〈생활의 달인〉이라는 프로그램을 좋아한다. 사회의 곳곳에서 각자 자신의 영역에 대해 최고가 되고자 노력해온 사람들이 등장하기 때문이다. 〈생활의 달인〉에 한 대학병원 주차 관리 책임자가 나왔는데, 주차 능력이 정말 탁월했다. 사실 아무리 잘해도 눈에 띄지 않고 누구 하나 관심을 갖기 쉽지 않은 일이라고 생각할 수도 있는데, 그럼에도 그 분야에서 최고의 능력을 발휘하기 위해 많은 고민과 노력을 했을 것이다. 덕분에 그 1명이 10명 이상의 역할을 하고 있었고, 복잡한 거리에서 사람들이 불편함을 느끼지 않고 원활히 움직일 수 있었다. 그 역할을 위해 자신의 역량을 최대로 발휘하며 기능과 태도를 모두 충족시키는 인재인 셈이었다. 그걸 보고 우리 회사에 스카우트하고 싶었는데 이미 다른 곳으로 스카우트되어 갔다는 소식을 들었다.

지난 2019년에는 회사에서 부산 광안리 앞에 있는 켄트 호텔에 휴가를 갔다. 그 부근에 합류 도로가 있어 휴가철에는 차가 엄청 막혔다. 주변에 성격 급한 차들이 빵빵거리고 욕설이 들려오며 난리가 났다. 그런데 60세는 족히 넘은 듯한 주차 요원이 젊은 사람들을 대상으로 능숙하고 노련하게 컴플레인을 해결하고 있는 것이 아닌가. 그 모습이 굉장히 인상 깊었다. 알고 보니 은행에서 일하다가 퇴직하고 주차 일을 하고 계신 분이었고, 이후 그분에게 제안해 함께 일하게 되었다.

어떻게 보면 허드렛일이라고 생각할 수 있는 일도 자신의 사명에 따라 해나간다면 그 자체가 의미 있는 일이 된다. 일을 잘하는 것은 역량이자 동시에 태도다. 어떤 일을 할 때 내가 이 일을 최고로 해야겠다 생각하고 임하면 어느 순간 결과가 달라지고, 사람들의 눈에 띄며 새로운 기회들이 생긴다. 내게 주어진 일을 최고로 해낸다는 철학과 사명감이 내 삶을 대하는 태도를 결정하기도 한다. 그래서 본인의 성장을 위해서라도 최고 기준을 세우고 고객을 위한 관점을 가지며 일하는 것이 중요하다.

이처럼 사명감을 갖는 마인드는 사실 자라면서 배워야 한다. 어릴 때부터 가정 교육을 받고, 학교나 사회 등 단체에서 가르쳐야 하는데 지금은 공부를 잘해서 명문대를 나와야 한다는 외적인 면에만 초점이 맞춰져 있다. 기득권을 갖는 직업을 얻기 위해 목표만 바라보고 달릴 뿐 태도나 가치에 대해서 충분히 배우지 않고 자란다. 우리의 인생이 1천 년, 1만 년이라면 그 시간이 아깝지 않을 수도 있겠지만 기껏 100년 정도 살면서 인생의 전성기를 의미 없이 흘려보낸다면 너무 허무하지 않을까. 내 인생은 소중한 것인데, 사명감이 없이 일하면 모든 것을 의미 없이 흘려보내게 된다.

내게는 비전과 미션을 배워가는 데 있어 회사가 일종의 스승이었다. 이전에는 열정은 있었으나 사명감에 대해서는 생각하지 않았다. 회사에 들어와서야 비전, 미션, 역할, 가치 등에 대해 배우고 깨달으며 일에 대한 마인드도 바뀌었다. 앞으로는 인재를 키울 때도 무조건 대학을 목표로 삼을 것이 아니라 초·중·고에서부터 비전에 대한 얘기, 삶에 대한 미션 등을 다뤄야 할 필요가 있다. 세상을 바꿀 미래 인재를 양성하는 것은 개인뿐 아니라 부모, 학교, 국가 차원에서도 관심을 가지고 함께 고민해야 하는 부분이다.

3.
현상 너머의
본질을 보는 눈을 가져라

본질을 들여다보면 답을 찾는다

재테크에 대한 관심은 높아지고 있지만, 대부분은 눈앞에 놓인 물가 폭등에 집중하며 단기적인 전략을 짜는 경우가 많다. 그런데 이러한 재테크 포트폴리오를 계획할 때는 눈앞의 현상에만 집중하는 것이 아니라, 그 이면에 연결된 다양한 원인을 복합적으로 들여다볼 수 있어야 한다. 그래야 복잡한 경제 요소들이 얽힌 상황에서 미래를 조금 예측할 수 있다. 이를테면 집값 폭등이라는 사회 현상만 볼 것이 아니라, 그 이유를 화폐 가치의 하락과 투자 포트폴리오의 대안 부재에서 찾아야 하는 것이다. 요즘 화폐 가치가 하락하는 이유는 무엇보다 금리가 계속 오르고 있고,

시중에 돈이 너무 많이 풀렸기 때문이다. 금리가 올라서 화폐 가치가 내려갈 때는 현금이 아니라 부동산이나 예술품 같은 실물 자산과 원자재에 비중을 두어야 한다.

특히 중요한 지표 중 하나는 한국에도 직접 영향을 미치는 미국 금리다. 이에 따라 전 세계가 영향을 받는다. 금리가 인상하면 바로 주가가 하락한다. 미국 금리가 4% 이상 오르면 우리나라에서 소비자가 대출을 받을 때는 실질 금리가 10%를 넘어설 수도 있다는 뜻이다. 그래서 현금과 부동산, 주식/채권 각 분야를 하나의 큰 삼각형으로 보고 포트폴리오를 그려야 한다. 설령 하나가 어려움을 겪더라도 다른 두 가지가 큰 손해를 보지 않으면 자산을 지탱할 수 있기 때문이다.

이처럼 화폐의 가치와 금리의 영향, 그 결과로 인한 부동산의 가치 하락까지 각 요인들을 포괄적으로 인식해야 문제의 본질을 정확히 이해할 수 있다. 기업의 자산 운용도 마찬가지다. 시기에 따라 외부적인 환경이나 상황도 같이 고려해야 한다. 코로나19가 막 시작할 당시 내가 코칭하던 각 회사에 즉시 대출을 받으라고 조언했다. 그러나 미국발 금리 인상으로 우리나라의 실질적 금리가 많이 오른 지금은 대출을 신중히 고민해야 한다. 필수 유동 자금이 반드시 필요한 경우에만 대출을 받아야 한다.

자산 운용뿐 아니라 모든 분야에서 본질적인 접근이 필요하다. 요즘 인기 있는 TV 프로그램 중 〈금쪽 같은 내 새끼〉에서 육아 문제 솔루션을 살펴보면 아이가 분리불안이 있거나, 폭식을 하거나, 떼를 쓰는 행동에 대처하는 방법을 즉각적인 대응 요법에서 찾지 않는다. 부모의 성향이나 말투, 가정의 내력, 아이의 선천적인 예민도 등 그 결과가 도출된 복합적인 원인을 들여다본다. 어떤 영역이든 현상이 아니라 본질을 들여다봐야 시야가 넓어지고 전체적인 관점으로 문제에 집중할 수 있다. 그래야 눈앞에 닥친 문제만 해결하는 것이 아니라 그 문제를 해결하기 위한 근본적인 답을 찾을 수 있게 된다. 일에서도 마찬가지다. 수천 가지 경영서가 다른 답을 내놓는다. 결국 어떤 시점에는 각 이야기가 하나의 원리로 이해되며 내 상황에 맞는 답안을 스스로 찾게 될 것이다. 구조와 원리를 들여다보고, 본질적으로 일에 접근하는 개념과 방법을 배운다면 어디서나 잘 적응하고 성장할 수 있다는 뜻이다. 결국 일을 잘하기 위한 방법을 찾는 것도 그 본질을 보는 눈을 키우는 것과 일맥상통한다고 할 수 있다.

지식은 액션으로 이어지는 힘

　어떤 일을 하든 해당 분야에 대한 정보와 지식을 쌓는 것은 가장 기본이다. 우선 필요한 지식을 갖추어야 그것이 쌓여 지혜의 원동력이 되고, 지식과 지혜가 쌓여서 통찰력과 직관으로 이어진다. 거기에 빅데이터나 스몰데이터 분석, 고객 수요 등의 요소가 결합하여 실질적인 경영에서 필요한 정보와 지식을 보완해 나가는 것이다. 지식과 경험을 보완하기 위한 가장 기초적인 방법은 두말 할 것도 없이 학습이다. 효과적인 학습을 하기 위한 방법으로는 독서, 기사, 전문가, 현장에서 배우기Best practice까지 4가지 요소가 복합적으로 이루어지는 것이 가장 좋다. 이 4가지 요소 중 전문가를 통해서는 문제를 해결하는 솔루션을 얻을 수 있고, 기사를 지속적으로 읽으면 세상의 트렌드를 예측할 수 있으며, 책을 통해서는 일의 원리를 깨우칠 수 있다. 마지막으로 현장을 통해서는 나와 내 조직이 나아가야 할 방향을 정할 수 있을 것이다. 각각의 요소를 조금 더 구체적으로 살펴보자.

• 독서(일의 원리)

지식을 쌓을 수 있는 가장 가깝고 쉬운 방법은 책을 읽는 것이다. 물론 급변하는 시대에 책이라는 매개체는 정보의 가치가 떨어질 수 있다. 책에 나오는 순간 그 정보는 이미 과거의 정보가 되기 때문이다. 대신 책에서는 이론과 원리를 발견할 수 있다.

만약 와인을 좋아해 와인에 대해 조금 더 알고 싶다면 책을 통해 포도의 품종과 와인의 종류, 대륙별 와인의 특징 등에 대해서 기본적인 지식을 배울 수 있을 것이다. 이러한 기본 지식은 시간이 지나도 변하지 않는 지식으로, 우리가 세상을 읽는 관점의 가장 든든한 재료가 된다. 기업의 경우 각 기업에 필요한 경영 서적들을 정리하여 기업에서 필요한 지식을 얻고 경영의 도구로 활용해야 한다. 책은 경영의 전문가들이 자신의 지식을 2만 원도 안 되는 가격에 우리에게 나누는 선물이다. 특히 기업이 성장하기 위해서는 개인과 조직 차원에서 책을 통한 학습을 해야 하며 이를 독서 경영으로 활용할 필요도 있다. 독서 경영을 통해 얻을 수 있는 유익함도 여러 가지가 있다. 조직 내에 공통의 언어를 가질 수 있고, 간접 경영을 통해 실수를 줄일 수 있으며 아이디어의 단초를 얻는 방법이 되기도 한다. 또한 이 경영 콘셉트 자체가 차별화 역량으로 혁신을 시작하는 기반이 될 것이다.

• 기사(트렌드)

책에서 일의 원리를 찾을 수 있다면 이론적인 지식과 함께 트렌드를 읽을 수 있는 것은 기사다. 특히나 요즘은 트렌드가 워낙 빠르게 바뀌고 기술의 변화도 엄청나며 고객 니즈도 들쑥날쑥하기 때문에 뉴스나 논문, 기사를 항상 살펴야 한다. 트렌드를 무시한 비즈니스는 있을 수 없다. 개인적으로는 인터넷 기사뿐 아니라 종이신문이나 논문도 꾸준히 읽는다. 여러 기업의 대표들을 코칭하고 조언하는 일을 하는 데 있어 부족하지 않은 선생이 되고자 함이다.

당장 하루, 한 달, 1년 동안은 기사를 매일 챙겨 보는 것이 큰 의미가 없게 느껴질 수 있다. 그게 몇 년 이상 거듭되면 보는 관점이 달라지고 안 보이던 것이 보이기 시작한다. 미시가 모여 거시를 볼 수 있게 된다. 10년, 20년이 넘어서면 자신도 모르게 전체를 읽는 통찰력이 생기는 걸 느낄 수 있을 것이다. 기사를 꾸준하게 보는 것만으로도 세상의 변화를 예측할 수 있는 하나의 카드를 준비하는 셈이다.

• 전문가(솔루션)

지식을 아는 것만으로는 막상 실전에서 실수할 확률이 높다. 책이나 기사로 얻게 되는 정보와 지식에 더하여 가장 빠르게 성장하고 심화할 수 있는 방법은 해당 분야의 전문가를 만나 배우는 것이다. 예를 들면, 수학 문제를 풀 때 기본이 되는 공식이 있더라도 사람마다 풀어내는 방법은 제각기 다를 수 있다. 책을 통해 기본이 되는 공식 70~80%는 배울 수 있지만, 그 이상 자신의 것으로 만들고 발전시키기 위해서는 직접 경험하고 배우는 과정도 필요하다. 이때 전문가를 통해 배우면 가장 빠르게 문제를 해결하고 내 것으로 흡수할 수 있게 된다.

나도 어떤 분야에 관심이 생기면 항상 그 분야에서 최고에 다다른 이들의 생각을 배우고 싶어진다. 전문가들을 만나서 얘기해 보면 일반인과 생각의 구조가 전혀 다르다. 미래에 대해서 이미

5단계, 10단계 이상을 내다보고 있다. 그들에게서 느낀 공통점은 형식에 얽매이지 않는 유연성과 자유로움이었다. 유럽에서 활약하고 있는 모 대표는 자신의 조직이나 기술을 당장 누군가 빼가더라도 아무런 문제가 없다고 했다. 이미 현재의 기술보다 몇 단계 이후에 대한 준비를 마쳤기 때문이다. 현재의 기술은 이미 과거에 지나지 않는다는 자신감과 자유로움을 볼 수 있었다.

한번은 기돈 크레머^{Gidon Kremer}라는 바이올리니스트의 리허설 공연에 초청받아 갈 기회가 생겼다. 어느 수준까지의 연주자들은 대부분 테크닉에 집중한다. 하지만 최고의 수준에 이른 연주자는 악보에 충실하면서도 훨씬 많은 메시지를 전달한다. 강해야 할 때 부드럽거나, 부드러우면서도 강한 선율을 선보이는 등 자유자재로 날아다니는 연주를 통해 완벽한 조화를 보여 주었다. 그런 단계에 이르기까지 상상 이상의 엄청난 노력과 연구가 있었을 것이다. 전문가에게 배우는 것은 그들의 노력을 엿보고 배울 수 있는 고마운 지름길이다. 요즘에는 세상이 워낙 발달해서 유튜브만 들어가도 각 분야의 전문가들이 꺼내 놓은 지식을 쉽게 접할 수 있다. 침대에 누워 해외 유명 대학 교수의 강의도 들을 수 있는 세상이다. 마음만 있다면 얼마든지 자신의 성장을 위한 동력으로 삼을 수 있다.

• 현장에서 배우기(인사이트)

세상의 변화와 미래를 예측하기 위해서는 다음과 같은 관점이 필요하다. ①거시 관점의 변화 ②소비자 트렌드 변화 ③선진국의 새로운 변화 ④빅데이터와 스몰데이터를 이용한 해석이다. 더불어 빠르고 정확하게 본질을 들여다보기 위해서는 모범적인 현장 Best practice에서 직접 눈으로 확인하고 인사이트를 얻는 것까지 복합적으로 학습되어야 한다.

대표이사로 역임하던 당시 직원들에게 2년에 한 번씩은 뉴욕, 런던, 파리, 상하이, 도쿄에 가야 한다며 현장 연수를 추진했다. 그리고 함께 공부하는 기업 대표들에게도 동일한 방법을 권유했다. 앞에 나열한 도시들이 고객의 생각이나 니즈가 기술과 결합하여 가장 첨단을 구현하고 있는 곳, 즉 트렌드가 가장 빠르게 적용되는 곳이기 때문이다. 특히 경영하는 사람이라면 2, 3년에 한 번씩은 이런 도시를 방문해 트렌드를 살피고 부족한 점도 깨달으며 좋은 현장에 대해 감을 익히면 큰 도움이 된다.

사람은 눈으로 봐야 가슴이 움직이고, 그다음 행동이 변한다. 직접 보고 가슴이 떨려야 실제 내가 몸담은 현장에서 행동으로 이어질 수 있다. 세상은 끊임없이 달라지며 사람들의 니즈는 요동치며 변화하고 있다. 세상의 변화를 모르고 비즈니스를 할 수는 없는 법이다. 좋은 현장에는 대표들이 먼저 가고 그다음에는 임원들이나 팀장들이 가야 한다. 내가 모 서비스 회사의 대표로 있을 때 직원들과 협력사의 주요 리더들을 10년 사이에 10여 개나라에 보내며 현장을 경험하게 했다. 모든 임직원의 통찰력과 역량이 성장해야 회사도 지속 가능한 구조를 만들 수 있기 때문이다.

훌륭한 애널리스트들은 반드시 현장에 가서 보고 직접 확인하는 작업을 한다. 현장에서 주는 느낌, 분위기, 직원들의 표정, 사람들과의 대화를 통해 데이터와 현장이 매치하는지를 보다 정확히 판단할 수 있기 때문이다. 빅데이터가 놓치는 것은 생각보다 많은데 공기와 사람들의 표정은 속일 수 없다. 또 같은 정보나 현장을 접하더라도 누가 어떻게 바라보고 해석하느냐에 따라 달라질 수 있다. 예를 들어 은행의 대출 담당자가 상환 능력을 확인하기 위해서도 현장 실사를 나가 업종별로 직접 눈으로 확인하고 몸으로 체험하는 과정을 거친다. 실제로 대출 담당자의 현장 실사 노하우를 살펴보면, 요식업의 경우 주방장을 쓰는 식당보다 주인이 직접 요리하는 식당이 수명이 긴 경우가 많다고 한다. 제조업에서는 상품 후기를 살펴보거나 직접 주문해 보고, 임대업에서는 본인 거주 여부까지도 살펴본다. 그래야 불법 건축이 적고 임차인에 대한 관리가 잘 되는 경우가 많기 때문이다. 이처럼 현장을 직접 살펴봤을 때 대출 상환 능력을 비교적 정확하게 판단하고 원활하게 진행할 수 있다.

이와 같은 방법은 어느 한쪽에만 치우치지 않고 서로 보완되는 것이 가장 좋다. 우선 책에서 기본적인 원리와 도구를 서칭했다면, 그중 좋은 원리를 항목별로 정리하여 통합하고^{Pooling}, 선택한다^{Selection}. 지식을 실질적으로 내 일이나 회사에 어떻게 적용할지 판단하는 것이다. 그리고 관련한 다른 기사, 전문가, 현장에서 배운 것들을 종합하여 단계별로 적용해야 한다. 만약 A라는 개념을 배웠다면 A1, A2를 응용하는 식으로 실제 균형을 맞추는 것이다. 만약 단계별 개념 없이 무턱대고 배운 것을 그대로 가져다 쓰려고 하면 오히려 혼란만 가중될 수 있으니 주의해야 한다.

구슬도 꿰어야 보배가 되는 것이다. 내가 어떤 지식을 안다고 말하기 위해서는 남에게 강의를 할 수준까지 이르러야 하고, 최종적으로는 액션으로 이어져야 한다. 아무리 많은 재료가 있어도 액션으로 이어지지 않으면 지식이라고 할 수 없다. 또한 많은 지식과 경험, 그리고 문제를 개선하기 위한 스킬이나 해결할 수 있는 패턴의 수를 많이 가지고 있을수록 그 일을 효과적으로 할 수 있는 것이다. 이제 '열심히 하겠습니다' 식의 성실함보다 '지혜로운 성실함'을 갖춰야 하는 시대다. 하나의 예로 편의점 아르바이트를 하더라도 고객이 빠르게 물건을 담을 수 있도록 봉지를 미리 부풀려 두는 지혜를 발견한다면, 일의 원리를 이해하고 더욱 효율적으로 일하고 있는 셈이다. 이처럼 스마트하게 일하고자 노력하는 사람이 일의 효율적인 원리를 배울 수 있고, 이러한 스마트 워킹^{Working}이 결국 좋은 성과까지 이어진다.

시대가 변해도 달라지지 않는 것

　시간이 흘러도 사람이나 일의 속성에는 근본적으로 큰 차이가 없다. 사람과 조직에 대한 본질을 꿰뚫어 본다면 시대가 달라져도, 업종이나 직무가 달라져도 금방 맥락을 파악하고 핵심에 접근할 수 있다.

　우리가 흔히 접하는 정보는 대부분 현재의 상태를 보여 주는 것들이다. 그것을 5년, 10년 이상 꾸준히 접하면 어마어마한 양이 된다. 그러다 보면 정보들을 파악하고 이해하는 자신만의 관점이 생긴다. 나는 10년 이상 신문을 보면서 원리나 원칙에 해당할 만한 중요한 정보를 꾸준히 스크랩했다. 10년 동안 천 페이지를 모았다고 했을 때, 바로 눈에 보이는 '현상'에 대한 부분을 걷어내고 본질만 찾는다면 많아야 10개에서 30개 정도의 항목이 될 것이다. 예를 들어 주식 투자를 할 때, 쏟아지는 정보 속에서 중요한 정보를 모아 인덱스를 잘해서 정리한다면 그 자체가 좋은 지식 투자서가 될 수 있다. 같은 맥락으로 경제학이나 경영학개론 같은 이론은 당장 적용하기 어려운 지식에 불과하다고 생각할 수 있지만, 이는 구체적 지침보다는 원리를 다루고 있다. 그래서 원리 자체를 이해하고 본질을 꿰뚫어 본다면 자신의 상황에 맞게 실질적으로 적용하거나 곁가지 정보들을 이해하는 것은 정말 쉬운 일이 된다. 오히려 즉시 적용할 수 있는 'HOW'를 제시하는 경영서는 시대가 지난 후에 무용지물이 되는 것이다.

현상이 아닌 본질을 들여다보고 배워야 한다는 좋은 사례 중 하나로 일본의 츠타야 서점을 들 수 있다. 일본 츠타야 서점은 원래 비디오테이프를 팔던 회사였다. 그런데 단순한 콘텐츠를 다루는 데 그치는 것이 아니라 라이프 스타일 전체를 바꾸겠다는 꿈을 가지고 있었다. 그래서 책, 비디오, 가전 등으로 분야를 확대하다가 도시 개발까지 하는 회사가 되었다. 츠타야 서점은 가지고 있는 콘텐츠를 다방면으로 충분히 활용하며 확장하는 방식으로 운영한다. 예를 들어 요리책을 판매한다면, 요리와 관련된 재료나 소스를 함께 구성하고 거기에 유명한 요리 강사들이 와서 직접 강의와 체험을 진행하는 식이다. 서점이 처음으로 고객의 라이프 스타일에 집중한 사례라고 할 수 있다.

그동안 츠타야 서점을 분석하는 관점을 보면 단순히 성공적인 사업 확장 사례에 초점을 맞추고 바라보는 경우가 많았다. 물론 몰랐던 것을 알게 되는 관점에서는 나쁘지 않지만 이를 벤치마킹하고자 한다면 그 너머의 본질을 볼 수 있어야 한다. 츠타야 서점이 다루고 있는 다양한 콘텐츠는 고객의 라이프 스타일을 바꾸고 그 너머 세상을 바꾸겠다는 계획을 실현하는 비즈니스 형태라고 봐야 한다. 츠타야 서점의 확장은 고객의 '경험'이라는 원리에 기반하고 있다. 고객들이 라이프 스타일 전반에 대한 좋은 경험을 하게 만들고 가치를 창조하는 것이다.

우리나라에서 츠타야 서점의 사례를 비슷하게 시도한 것이 A 서점이었다. 이 서점의 경우 단순하게 현상만 보고 츠타야 서점처럼 카테고리를 넓히는 것에만 초점을 맞춰 시도했다가 결국은 실패한 사례가 되었다. 물론 좋은 기업들이 가지고 있는 자료를 다양하게 확보하고 벤치마킹하는 것도 필요하다. 츠타야 서점의 성공 비결을 배우려면 현상적으로 보이는 카테고리의 변화에 집중하는 것이 아니라 철학과 본질을 봐야 한다. 그래야 핵심 원리를 바탕으로 지속 가능한 구조를 만들 수 있는 것이다. 철학과 본질은 계속해서 업그레이드된 결과물을 만들어 내는데, 눈앞의 현상만 바라보고 따라가면 결국 발전이 멈추고 진부해진다.

공학 분야에는 리버스 엔지니어링Reverse engineering이라는 기법이 있다. 역설계 혹은 역공학이라고 하는데, 예를 들어 탱크나 비행기를 만들기 위해 외관을 거꾸로 분해하여 동일하게 상품을 만드는 작업을 말한다. 원점에서 거꾸로 돌아가며 그 원리를 찾아내는 것이다. 설계도를 그려 건물을 완성시키는 것과 반대로, 건물의 설계도를 역으로 그려내는 것이라고 보면 된다. 중국에서 성능 낮은 가품이 많이 등장하는 것도 외관은 쉽게 따라 할 수 있지만, 막상 그 원리를 들여다봤을 때 구현할 만한 기술이 부족하기 때문이다. 마찬가지로 경영의 핵심에 집중해서 지속 가능한 구조를 만들어야 하는데, 그러지 않고 성공 사례를 대충 카피하다 보면 처음에는 비슷해 보여도 한두 번의 일회성 이벤트에 그치게 될 확률이 높다. 본질을 보기 위해서는 겉으로 보이는 것뿐만 아니라 보이지 않는 것까지 발견하는 눈이 필요하다.

결국 중요한 것은 그 제품 자체보다는 철학, 가치, 품질, 지속성이라는 브랜드의 본질이다. 이것이 탄탄히 갖춰져 있을 때 비로소 비즈니스로 발현될 수 있다. 따라서 일에 대한 철학이나 사회에 나눌 수 있는 가치에 대해서 먼저 반드시 고민하고 정립할 필요가 있다. 회사에서 철학이 정리되었을 때 그 가치를 브랜딩과 마케팅에 구현하는 것이다.

에너지를 투입하며 기회를 기다려라

인간의 신체는 생물학적으로 약 26세부터 노화가 시작된다고 한다. 성인이 될 때까지 우상향 그래프를 그리면서 성장하던 신체 기능이 26세부터는 점차 아래로 포물선을 그리며 떨어진다는 것이다. 그렇다면 우리는 가만히 자연의 섭리를 받아들여야 할까? 건강한 음식을 먹고 꾸준히 운동을 하는 사람은 그만큼 신체의 좋은 컨디션을 좀 더 오랫동안 유지할 수 있게 된다. 물론 젊을 때는 큰 차이를 느끼지 못할 수도 있다. 운동을 하지 않아도,

술을 밤새 마셔도 금방 몸이 회복되기 때문이다. 하지만 몸을 위해서 아무것도 하지 않는 시간이 점점 쌓이게 되면 나이가 들수록 신체 노화가 빠르게 진행될 수밖에 없다.

일도 마찬가지다. 하향 곡선을 늦추기 위해서는 그만큼의 인풋Input이 필요하다. 당장 1년 동안 아르바이트를 해서 돈을 벌고, 그 돈으로 수개월 동안 놀러 다닌다면 행복하고 즐거울 수는 있겠지만 그런 삶이 지속 가능할 것인가. 스무살까지 학교에서 배우고 쌓아온 지식과 경험을 계속해서 소진하기만 하면서 산다면 40대, 50대 이후에는 더 이상 발전할 게 없고 인생 곡선이 급하강하는 것을 막기 어려울 것이다. 학교에서 배운 지식의 유효기간은 길어야 1~2년이다. 당장 즐기는 것도 좋겠지만 오직 좋은 음식을 먹고 노는 데에만 집중한다면 미래가 궁핍해질 수 있다. 반대로 무엇 하나라도 배우려는 관점을 꾸준히 갖는다면 그만큼 그 사람은 지속적으로 성장할 수 있을 것이다.

모든 사람의 경험치는 자신이 배우고 접한 세계에 한정되어 있을 수밖에 없다. 책이나 인터넷으로 간접 경험을 한다고 해도 그 안에서 창의적인 아웃풋Output을 만드는 데 한계가 있다. 그래서 더욱 적극적으로 외부의 지식, 사람, 시스템을 접하고 배우려는 시도를 해야 한다. 자신이 지니고 있는 것들에 한정되지 않고 꾸준히 관심사를 넓혀 가고, 지식과 경험치를 확장하며, 트렌드와 원리를 살피고 들여다보려는 노력이 필요하다.

세상에서 효율적으로 살아가려는 노력은 언젠가 기회로 이어진다. 기회를 잡기 위해서는 언제나 준비가 되어 있어야 한다. 기회는 준비되어 있을 때 다양한 방식으로 일어난다. 내가 준비되어 있다면 기회는 올 것이고, 하늘은 스스로 돕는 자를 도울 것이다.

트렌드를 알아야 하는 이유

우리나라의 스타트업에서 개발한 앱 중 전 세계의 아침을 바꾼 알람 앱이 있다. 아침마다 출근을 알리는 핸드폰 알람이 울려도 끄고 다시 잠들어 버리는 사람들이 많다. 그런데 이 알람 앱은 어떻게든 일어날 수밖에 없는 강제적인 미션을 제공한다. 예를 들면 스쿼트를 100번 해야 한다든가, 수학 문제를 풀어서 정답을 맞혀야 한다든가 하는 식이다. 아침에 눈을 뜨기 힘든 세계인 450만 명이 이 앱을 사용하고 있다. 누적 다운로드가 6천만 건에 이르고, 매출 이익도 2019년부터 꾸준히 성장하여 2021년에는 131억 원, 영업 이익 63억 원에 달했다. 특히 이 성공 사례가 고무적인 이유는 스타트업 중에서는 투자를 통한 매출은 있지만 고객을 통한 매출은 없는 경우가 대다수이기 때문이다. 그런데 이 앱은 수많은 고객이 자신의 필요에 의해 비용을 지불하며 사용하고 있다. 완벽히 성공한 비즈니스라고 할 수 있다.

어찌 보면 단순한 알람 앱이 성공할 수 있던 비결은 무엇일까. 고객이 가장 불편했던 페인 포인트(Pain point, 고충점 또는 불만사항)였던 아침에 대한 인식을 바꾸고, 아침의 개념을 변화시켰기 때문이다.

이처럼 성공적인 비즈니스에 필요한 속성을 따져 보면 첫 번째는 우선 재미가 있어야 한다. 두 번째로는 자랑을 할 수 있어야 하고, 세 번째로 참여하거나 참가할 수 있는 구조를 가져야 한다. 필요에 따라서는 사람들의 플렉스(Flex, 돈 자랑을 한다는 뜻의 신조어)까지도 자극할 수 있어야 한다. 비즈니스맨들은 이런 기본적인 필요 조건을 항상 인지하고 있는 것이 중요하다. 하다못해 박물관이라는 콘텐츠에서도 일방적으로 전시물을 제공하는 것이 아니라, 작은 이벤트라도 개인이 직접 참여할 수 있어야 비즈니스가 된다. 이를테면 민속 박물관에서 김치나 떡을 직접 만드는 행사를 하거나 관람 구역별로 도장을 찍는 이벤트를 하는 것도 그런 요소라고 할 수 있다. 박물관도 이제는 액티브하고 다이내믹해야 한다. 기존의 박물관은 침침하고 정적이라는 전근대적인 생각을 벗어나지 못한 형태였다. 요즘 사람들이 미술관을 많이 찾는데 여전히 통제를 많이 한다. 사진을 찍는다고 해서 전시물이 훼손되는 상황이 아니라면, 사람들이 더 많이 알고 그것을 퍼 날

라야 더 많은 사람에게 전해지고 의미가 있지 않겠는가. 방문자들이 재미있게 즐길 수 있을 때 그 콘텐츠는 계속해서 확산된다. D미술관이나 C뮤지엄은 애초에 사람들이 예쁘게 사진 찍고 자랑할 수 있는 구조로 설계했다. 오히려 그것이 박물관이 나아갈 비즈니스 방향이자 비즈니스의 본질이기도 한 것이다. 과거처럼 박물관이 지식을 전달하고, 교훈을 얻는 데 그치는 시대는 이미 끝났다. 고객들은 재미있고 자랑할 수 있는 소확행의 장소로 박물관과 미술관을 소비하고 있음을 잘 알아야 한다.

비즈니스에서는 사람들이 원하는 게 무엇인지를 본질적으로 파악하는 것을 우선해야 한다. 비즈니스에서 마케팅은 궁극적으로 '고객을 줄 세우는 것'이다. 줄을 서는 불편을 감수해서라도 사람들이 기꺼이 얻고자 하는 가치가 무엇인지 알아야 한다는 것이다. 한동안은 '포켓몬 빵'이 엄청나게 인기였다. 편의점에서 사람들이 줄을 서는데 막상 편의점에는 하루에 한두 개만 입점되어서 품귀 현상을 겪었다. 왜 포켓몬 빵을 사려고 편의점에 달려가고, 유명한 맛집에는 사람들이 줄을 서는 것일까? 명품을 사려고 아침부터 '오픈 런'을 하며 입구 앞에 늘어서는 이유가 뭘까. 이는 해당 브랜드가 고객에게 어떠한 가치를 줄 것이며, 그래서 고객이 어떻게 기꺼이 해당 브랜드를 소비하게 할 것인가 하는 근본적인 고민과 맞닿아 있다. 왜 이런 현상이 벌어지는지 이유를 찾아내야 인사이트를 얻고 비즈니스에 적용할 수 있는 것이다. 내가 빵을 파는 것이 아니니 내 사업과는 관계없다고 넘어가면 세상과 동떨어지고, 비즈니스의 본질에서도 멀어진다. 비즈니스를 하는 사람들은 넷플릭스뿐 아니라 아마존 등의 플랫폼을 통해 핫한 드라마, 영화, 책, 장소 등에 대해서도 반드시 관심을 가지고 들여다봐야 한다. 그 속에 현대인들의 트렌드와 코드가 숨어 있기 때문이다. 세상의 흐름, 즉 고객 니즈의 흐름을 모르고서는 비즈니스를 할 수 없다. 그걸 잘 이용하는 것이 일을 성공하는 방식이다.

2장

철저히
전략적으로
일하라

1.
일의 전체를 한눈에 담는
토탈 비즈니스

원(One) 페이지 기획서 쓰기

일할 때는 수많은 변수가 등장한다. 변수를 최단 거리이자 최고 속도로 고객 관점에서 해결하는 것이 비즈니스에서 일을 잘하는 능력이라고 할 수 있다. 그리고 이를 위한 좋은 도구 중 하나가 바로 기획서다. 기획서를 잘 쓴다는 건 일을 어떻게 효율적이고 효과적으로 할 수 있을지 머릿속으로 구조화하여 한눈에 보이도록 그림을 그릴 수 있다는 뜻이기 때문이다. 그런데 요즘은 글쓰기를 어려워하는 사람들이 많다 보니 기획서를 쓰는 것도 막연하게 느끼는 경우가 많다. 일할 때 갖춰야 하는 글쓰기 능력을 높일 수 있는 몇 가지 팁을 기억해 두자.

• 정확한 타기팅과 분석부터 하자

보통 사회생활을 시작하면서 제일 먼저 쓰게 되는 글이 '자기소개서'일 것이다. 자기소개서든 기획서든 모든 글쓰기는 본질적으로 고객과 시장 관점을 가져야 한다는 점에서 동일하다. 즉 입사하고 싶은 회사가 있어 자기소개서를 써야 하는 상황이라면, 우선 그 회사에서 원하는 인재상에 대해 분석하는 것이 첫 번째다. 최근 5년 이내에 노출된 자료를 꼼꼼하게 서칭하는 것은 물론, 오픈된 자료에는 한계가 있기 때문에 오픈되지 않은 자료를 찾는 노력도 기울여야 한다. 다양한 커뮤니티를 통해 조사하고 심지어 인사 파트에 직접 연락해서 필요한 정보를 얻는 것도 노력의 일부가 될 수 있다.

이처럼 우선 내가 가고자 하는 기업을 타기팅하고 그중 1, 2순위에 80% 이상의 에너지를 써서 분석하는 것이 가장 중요하다. 각 회사에서 원하는 인재상은 조금씩 다르다. 창의적인 인재를 원하는지 혹은 잡초같은 근성을 가진 인재를 원하는지, 그에 따라 내가 어떤 관심과 역량, 능력이 준비되어 있는지 구체적으로 기술해야 한다. 즉 이 회사에서 미래를 위해 어떤 고민을 하고 있으며 그에 따라 어떤 인재를 원하는지를 되도록 상세하게 파악해야 어떤 강점을 어필해야 하는지 알 수 있을 것이다. 그런 타기팅 없이 소위 '의식의 흐름대로' 두리뭉실한 개념만 늘어놓는다면 회사에서 이 사람을 왜 뽑아야 하는지 알기 어려울 수밖에 없다.

실제로 이전에 이러한 준비를 꼼꼼하게 해온 지원자가 면접에서 좋은 평가를 받고 입사한 적이 있다. 회사 매장을 3개월 정도 방문하여 버려진 영수증을 수집하고, 이를 토대로 매장의 객단가, 선호 음식의 종류, 매장의 문제점 등을 분석하여 대안까지 세운 리포트를 제출한 것이다. 면접관이 볼 때 이 정도 열정과 집요함을 가진 직원이라면 회사에서 어떤 일을 맡기더라도 그 일을 탁월하게 해나갈 것이라는 확신을 가진다.

• 한눈에 들어오는 구조로 쓰자

원하는 인재상에 맞게 자신의 강점을 타기팅했다면 글쓰기를 위한 기본적인 구조를 갖추어야 한다. 만약 '이 회사에 입사하기 위해 무엇을 준비했는가?'라는 질문이 있다면 무슨 대답을 할 것인가? 일단 연역적으로 제일 첫 문장에서 결론부터 보여 주어야 한다. 그 후 논거를 붙이고, 부분적으로 내용을 정리하여 다시금 결론을 내리는 것이다. 그래야 나를 빠르고 정확하게 보여줄 수 있고, 읽는 사람도 내용을 더 빠르고 명료하게 파악할 수 있다.

자기소개서나 기획서 등의 글쓰기는 근본적으로 일을 하는 것과 접근 방식이 비슷하다. 내가 하고 싶은 말을 기승전결로 늘어놓는 것보다 고객 관점으로 읽는 사람의 입장을 생각해서 작성해야 한다. 물론 가장 기본적인 오타나 띄어쓰기, 문법 구조까지 잘 받쳐 주어야 좋은 글쓰기라고 할 수 있다. 이러한 구조를 이해하고 글을 잘 쓰는 사람들이 대체로 일도 잘하며 성공한다. 회사에서도 마찬가지다. 서론부터 구구절절 늘어놓기보다 정확한 결론을 먼저 보여주고 그에 따른 논거를 풀어야 한다. 예로 '매출을 5% 올릴 수 있는 마케팅 방안'을 주제로 한다면 그에 따른 방안부터 항목별로 제안한 뒤 그 근거를 구체화해 풀어 가는 것이다.

• 많은 정보보다는 짧고 간략하게 쓰자

기획서에서 텍스트는 최소로 줄일수록 명쾌해진다. 텍스트로 설명하는 것보다 그림이나 사진 등으로 도식화시키는 것이 한눈에 이해하기 쉽다. 또한 너무 많은 정보를 빼곡하게 담으려고 해서는 안 된다. 글을 쓰는 팁에도 1, 3, 6, 9의 원칙이 있다. 가능하면 1페이지로 글을 쓰고, 그래도 부족하면 3페이지 이내로, 많아도 10페이지를 넘지 않는 것이 좋다.

회사에서 승진자 평가를 할 때의 일이다. 직원들에게 그동안의 성과를 정리하여 승진용 자료 제출을 하도록 했다. 승진용 자료 양식은 승진을 위한 성과와 그 성과를 이끈 핵심 아이디어, 그리고 그것을 통한 질적인 전진, 즉 구축된 시스템을 1페이지에 담도록 되어 있었다. 만약 1페이지에 정리하기에 부족한 경우에는 자신의 성과에 대해 추가적인 자료를 덧붙일 수 있었다. 그런데 대부분 심플하고 명쾌하게 정리하지 못하고 페이지 수가 넘치는 경우가 많았다. 중요한 것은 1페이지의 완결성이다. 사실 승진자 평가에는 많은 시간을 사용하지 않는다. 기존에도 다양한 평가 자료들이 있기에 최종적인 성과 지식을 평가하는 것이다. 대체로는 첫 페이지에서 핵심 성과와 아이디어를 보고, 그것이 명확하지 않을 경우에만 추가적으로 다음 페이지들을 검토한다. 많은 직원들이 자신의 성과를 구구절절 기술하려고 하는데, 오히려 그런 경우 좋게 평가받을 확률이 낮다. 본인 입장에서는 모든 성과를 어필하고 싶겠지만, 평가자는 한정된 시간 내에 평가해야 한다. 뿐만 아니라 회사에 필요한 것이 무엇인지 정확히 알고 그에 맞춰 정리한 리포트가 훨씬 눈에 잘 들어온다. 내 관점이나 방법이 아니라 회사가 필요한 관점과 방식대로 정리할 줄 아는 지혜가 필요하다.

줄 서서 먹는 맛집으로 유명한 '금돼지 식당'에 갔을 때 이를 잘 알고 적용했다는 느낌을 받았다. 식당에는 딱 3가지 소개글이 적혀 있었다. 0.3% 프리미엄 국내산 돼지만 쓴다는 것, 어느 지방에서 생산되는 황실 소금을 쓴다는 것, 그리고 특허를 받은 청결 연탄을 사용해 몸에 안전하다는 것이었다. 식당 입장에서는 음식을 신경 써서 준비한 만큼 고객에게 하고 싶은 이야기가 많을 수 있다. 하지만 그 이상 많은 정보를 주어도 고객은 3가지 이상은 잘 기억하지 않는다. 고깃집에서 제일 본질에 가까운 고기, 소금, 탄 이 3가지 요소를 넘긴 설명은 사족이 될 뿐이다. 마찬가지로 가장 좋은 기획서나 보고서는 1장짜리다. 3장에서 6장을 넘으면 안 되고, 9장이 넘어간다면 아예 하지 않아야 한다.

일을 효율적으로 하기 위해서는 기획서 한 장을 쓰더라도 내가 전달하고 싶은 것이 무엇인지 결정하고 이를 한눈에 볼 수 있도록 구조화하는 능력이 중요하다. 어려운 말을 잘 쓰는 것이 일을 잘하는 게 아니라, 보기 쉽고 이해하기 좋은 내용이 좋은 글이다. 기획서를 잘 쓴다는 것은 그만큼 가성비 좋은 업무 능력을 갖추었다는 의미이기도 하다.

전체를 보고 구조화하라

보통 어떤 업무에나 적응을 잘하는 사람들에게 '일머리가 있다'는 말을 한다. 일머리가 있다는 뜻의 핵심은 일의 전체를 보고 구조화하는 시각을 갖추어 빠르고 효율적으로 일을 파악하고 정리할 수 있다는 것이다. 우리가 바둑을 보더라도 아마추어와 프로 1단이 보는 관점은 전혀 다를 것이다. 프로는 몇 수 앞을 내다보며 판을 머릿속에 넣고 움직인다. 일도 마찬가지다. 일을 할 때도 눈앞에 보이는 것만 보는 것이 아니라 전반적인 구조를 머릿속에 넣고, 그 안에서 어떻게 해야 고객 관점에서 가장 의미 있게 전달될 수 있을지를 고민하고 솔루션을 만들어야 한다. 이런 능력은 기본적으로 갖추고 있는 재능일 수도 있지만 대부분은 후천적인 학습을 통해 향상된다. 당연히 많은 훈련이 필요하다.

구조화 능력을 갖춘다면 어느 영역에서나 어떤 일을 하든지 어느 수준 이상의 역량을 발휘할 수 있다. 전문 분야가 아니면 최고가 되기는 어렵더라도 전반적인 구조를 볼 수 있는 관점을 지닌다면 후천적인 학습과 노력을 통해 '일머리'를 발휘할 수 있다는 이야기다. 선천적, 구체적 경험과 학습으로 일머리도 개선이 될 수 있다. 직장에 들어가면 결국 인정을 받아야 하는 만큼, 자신의 능력을 최고 수준으로 만드는 훈련을 꾸준히 해야 한다.

나는 전공이 경영학도 아니고 처음부터 기획 파트에서 일을 한 것도 아니었다. 아동복 패션 사업부에 발령받아 영업 파트로 일을 시작했지만, 나중에는 회사의 지식경영팀 그리고 그룹사의 전략기획실에서 일을 했다. 이렇게 영역을 확장해 나갈 수 있던 이유는 내가 일을 할 때 대충하는 경우가 없기 때문이다. 최상주의와 완벽주의 성향을 가지고 있었으며 이를 위해 다양하고 끝없는 학습을 했다. 회사에서 지식경영팀으로 일할 때에는 각 비즈니스 그룹 단위에서 나오는 좋은 성과 지식들을 보면서 그들이 어떻게 생각하고 일하는지 배우는 데 집중했다. 그래서 주요한 BP^Best practice 지식을 바탕으로 전체적으로 학습했고, 필요한 경우에는 그 지식을 가진 사람들과의 만남을 통해 그들이 일하는 방식을 배우기도 했다. 그리고 외부의 전문가들을 만나면서 그들이 어떻게 플래닝을 하는지도 다양하게 학습했다. 종합적인 기획력을 가지기 위해 전략과 기획 관련한 책들은 한 종류도 빠지지 않고 읽기도 했다. 다양한 영상을 통해 글로벌 기업의 탁월한 경영자들이 가진 생각과 실전을 배운 것도 내가 기획자로서 좋은 평가를 받을 수 있는 기반이 되었다. 덕분에 그룹사의 각 파트 기획자들을 가르치고, 서비스와 여러 분야 경영자를 겸직하면서도 차장급 대표이사로 직원들에게 도움을 줄 수 있던 것이다.

내가 처음으로 대표이사를 맡았던 분야는 훈련되고 학습된 직원들이 없었던 상황이었다. 그래서 사업의 계획이나 전략을 수립할 때 내가 학습하고 훈련받았던 경험이 직원들을 돕고 사업부의 방향을 잘 설정할 수 있는 바탕이 되었다. 직원들과 회사에서 밤샘을 하면서 수많은 나날을 함께하고, 그들이 회사의 미래 방향을 잘 수립하는 데 함께 한 것이 가장 기억에 남는 회사에서의 추억이다. 가산동 사옥에서 직원들과 함께 방향을 잡으면서 집에도 자주 가질 못했었는데, 어느 겨울에는 밤샘을 하는 다른 사업부의 직원들이 의무실에 가득하여 회사 사무실에서 박스를 깔고 잠을 잤던 기억도 있다. 나는 기획서를 작성하고 돕는 데 최소 2천 시간 이상을 사용했다. 그런 경험이 있었기에 지금 여러 분야의 기업들을 코칭할 때도 모든 설계를 직접할 수 있는 힘이 생겼다. 경영자로 의사결정만 했다면 이러한 설계를 직접하는 일은 불가능했을 것이다.

오랜 기간 학습과 경험을 반복하면 프로세스가 강화된다. 일하는 방식이 구조화되고 일머리가 생기는 셈이다. 개인적으로는 단순히 일정을 관리하는 부분까지도 하나하나 구조화하는 걸 매우 중요하게 생각한다. 스케줄이 많을 때는 하루에 5개, 10개씩 겹쳐지기도 하는데 전체를 하나의 그림으로 그려 두지 않으면 내가 시간을 관리하는 것이 아니라 시간에 쫓기게 된다. 물론 물리적 시간의 한계가 있긴 하지만 구조화를 잘 시켜 놓으면 그때그때 쫓기지 않고 움직일 수 있다. 그럴 경우 어떤 상황에 놓이든 정답에 가깝게 다가갈 수 있는 길을 비교적 금방 찾을 수 있게 된다.

비즈니스를 할 때도 전체적으로 구조화하는 관점으로 바라봐야 한다. 일을 할 때 자신이 맡은 직무에 대해 단독으로 한정시켜서 생각하는 경우가 있는데, 비즈니스는 사실 각 분야가 모두 얽히고 영향을 주고받으면서 결과물을 내는 하나의 프로세스이자 가치사슬이라는 구조로 얽혀 있다. 마케팅 영역을 예로 들어보자. 기본적으로 제품이나 서비스의 품질, 품질의 지속적 유지, 그리고 사회적인 가치를 부여하는 것까지 복합적인 관점에서 마케팅을 바라볼 수 있을 것이다. A라는 조직 안에 마케팅뿐 아니라 영업 파트, 생산 파트 등이 포함되어 있다면 마케팅을 하는 동안 나머지 파트는 별개의 활동을 한다고 봐야 할까? 그렇지 않다. 각 분야가 모두 영향을 주고받는 하나의 '토탈 비즈니스'다. 그래서 고객 관점에서 좋은 제품이나 콘텐츠, 서비스가 개별적인 최적화가 아닌 전체 관점에서 최적화되어야만 고객은 감동을 받고 충성도를 가지게 된다.

특히나 기업에서 R&R(Role&Responsibility, 역할과 책임)을 바라볼 때 마케팅은 마케팅 조직 안에서 다 해야 한다고 생각하는 경우가 많다. 그런데 마케팅이란 생산, 영업, 기획, 품질관리 등 여러 가지가 최고의 수준에 도달했을 때 그 개념을 바탕으로 이루어지는 것이다. 스타트업의 경우 이를 모두 조직화하기 어렵다 보니 두세 개의 역할을 묶어 같이 수행하기도 하는데, 여러 분야를 고도화시켜 궁극적으로 마케팅을 극대화시키는 것이기 때문에 애초에 별개의 영역으로 딱 잘라 분리할 수는 없다. 고객에게 분명하게 좋은 상품을 기획했을 때 결국 마케팅도 잘될 수 있는 것이다. 어떤 상품을 만들어서 팔 것인지, 어떻게 고객에게 보여주고 제안할 것인지, 현장에서는 어떤 판매 시스템을 갖추고 또 피드백할 것인지 조직과 부서별로 전사적 마케팅 역할 분담이 이루어져야 한다. 즉 고객의 불편을 해결하고 필요한 가치를 전달하고자 하는 궁극적인 목표를 공유하고, 전 부서가 고객 관점에서 한 목소리로 일하며 기업의 자원을 한 곳으로 모아야 하는 것이다.

결론적으로 우리가 가진 자원의 모든 것은 별개로 조직화할 수 없고, 그래서 토탈 비즈니스 관점을 가져야 한다는 것이다. 각자가 어느 분야의 직무를 맡고 있다고 해도, 모든 요소가 유기적으로 연결되어 있다는 것을 기억하고 그 전체를 보는 관점을 지녀야 내 일을 가장 효율적으로 소화할 수 있게 된다. 이를 통해 최고 품질이 지속적으로 유지되었을 때 고객들을 '줄 세울 수' 있고,

최종적으로는 이에 대한 카피^{Copy}들이 만들어진다면 그것이 성공을 나타내는 직관적인 지표라고도 볼 수 있다.

일의 기본은 소통이다

우리가 토탈 비즈니스 관점을 가지고 조직 내에서 일을 한다고 했을 때, 빼놓을 수 없는 중요한 요소가 바로 소통이 될 것이다. 각 분야별로 소통이 원활하게 이루어지지 않는다면 반드시 삐걱거리는 지점이 생기고 결과적으로 하나의 비즈니스를 제대로 완성시키기 어렵다.

소통에는 기준이 있다. 업무 상황에서 전화는 10분, 문자나 SNS는 1시간, 이메일은 24시간 이내에 답해야 한다는 시간 기준이 필요하다. 국가나 기업에서 성과를 내기 위해 일을 진행할 때 놓치기 쉬운 부분이 바로 이 점이다. 어떤 일을 하든지 구성원과의 공감대 형성이 제일 우선이며, 그 후에 설득을 하고, 실행과 피드백의 과정을 거쳐야 한다. 소통을 통해 공감대를 형성하고 설득하는 과정이 있어야만 일이나 프로젝트에서 좋은 성과를 창출할 수 있을 뿐 아니라 부작용도 최소화할 수 있다. 따라서 어떤 조직이든 새로운 일이나 정책을 펼칠 때 그것이 시작되는 지점부터 소통도 시작되어야 한다. 그 일을 하기 위해서 직원들에 대한 충분한 공감대를 먼저 형성하는 과정이 가장 중요하다. 특히 스타트업을 예로 들자면 새로운 일을 시작할 때 'Why'를 먼저 설명해야 한다. 그 과정 없이 톱다운으로 명령만 떨어진다면 직원들 입장에서는 월급을 더 주는 것도 아닌데 자신의 직무 이외의 분야까지 시야를 넓히는 것이 불필요하고 귀찮게 느껴질 수 있다.

스타트업은 아직 완성된 조직이 아니기에 두세 가지를 겸직해야 할 수 있다. 모두가 토탈 비즈니스를 해야 하고, 일을 공통적으로 수행해야 하는 것이다. 그 이유를 대표가 충분히 설득하고 공감대를 형성하면 조금씩 바뀌고 이해하는 사람들이 생긴다. 물론 여전히 방관자도 있기 마련이지만, 적어도 긍정적으로 생각하거나 말없이 따르는 사람들의 비율이 70%만 되어도 전체적으로 긍정적인 구조를 갖게 되는 셈이다. 공감대가 형성된 후에 다양한 방식을 통해 설득하는 과정을 병행해야 한다.

기업의 CEO나 오너들이 하는 착각에는 크게 3가지가 있다. 내가 모든 것을 할 수 있고, 모든 것을 알고 있고, 소통을 잘하고 있다는 것이다. 소통의 방식을 들여다보면 대개 직원들에게 일방적인 의사를 전달한 것뿐, 소통이 아니다. 막상 직원들은 전혀 모르거나 다르게 이해를 하고 있는 경우가 적지 않다. 소통은 내가 얘기를 하는 데 그치는 것이 아니라 상대가 이해하고 행동으로 옮길 정도로 인식했을 때 이루어지는 것이다. 중요한 정책이나 생각은 10번이 아닌 100번, 1천 번을 반복해야 직원들이 그것을 이해하고 체화할 수 있다고 생각해야 한다.

보통 기업에서 의사소통은 조정 수단과 의사 결정의 수단, 그리고 정보 전달의 수단으로 이용된다. 정보와 감정을 전달하는 도구인 만큼 기업에서의 의사소통은 정보가 명확해야 하고, 기준과 원칙이 있어야 하며, 또한 상호작용할 수 있어야 한다. 대상에 맞는 적합성과 정보의 통일성도 중요하다.

한 기업의 경영자가 시행착오를 겪었던 소통 사례가 있다. 그는 경기가 위태롭던 2020년 2월 무렵 전 직원들을 대상으로 "어떤 비상 상황에서도 직원들의 자리를 보전하겠다."라고 전달했다. 그러나 한 달이 채 지나지 않은 3월부터 매출의 60%가 급감하며 어쩔 수 없는 선택의 시간이 왔고, 고민 끝에 주 4일제 등 근무 시간을 단축하고 급여도 축소하는 결정을 내리게 됐다. 어려움이 도래할 수 있는 경기 상황에서 처음부터 위기를 함께 극복하자는 소통을 했더라면 직원들도 충분히 이해하고 수용할 수 있었을 것이다. 하지만 처음과 말이 달라지면서 오히려 화를 키운 꼴이 되었고, 그 이후 이 문제를 수습하는 과정에서 또 한 번의 시행착오가 있었다. 직원들에게 미안한 마음을 전달하는 수단으로 SNS를 이용한 것이다.

어떤 문제가 발생했을 때 우리는 흔히 회피하고 싶어지고 쉬운 방법을 찾게 된다. 하지만 직원들에게는 생계가 담긴 심각한 문제였으며, 그렇다면 의사소통의 방법은 달라야 했다. 복잡하고 어려운 상황일수록 직접 만나서 이야기해야 하는데, 간단하게 SNS나 문자를 이용하면 문제가 해결되기는커녕 더 꼬이기 쉽다. 전달자의 마음과 수용자의 해석에 차이가 발생하기 때문이다. 그 이후로 직원들이 존경하던 리더에서 한순간에 나쁜 리더로 인식하게 되었다는 것을 함께 문제해결 TFT^{Task force team}로 고민하던 직원들이 얘기해 주었다. 그래서 나는 그 경영자에게 이러한 조언을 했다. 경영설명회 같은 전체 모임이나 개별 조직들의 모임 시간에 진솔하게 잘못했다고 사과를 하고, 위기를 빠르게 극복해서 직원들의 피해를 최소화하며, 좋은 성과를 만들어내면 직원들에게 열매를 나누겠다는 공식적인 약속을 하라고 말이다. 어려울수록 피하기보다는 투명하고 정직한 의사소통이 필요하며, 충분히 고민하여 숙성된 결정을 통해 소통해야 한다는 교훈을 얻었다.

소통하다 보면 재미있는 사실 한 가지가 있다. 공식적인 내용은 아무리 열심히 전달해도 조직원의 50% 이상이 이해하는 과정이 쉽지 않은데, 소문이나 '카더라 통신'은 30분만 있어도 전 세계의 관련 조직들이 전부 알게 되는 것이다. 결국 사람들은 내가 알고 싶고 관심이 있는 일에만 귀를 기울인다. 모든 조직에서 공적인 소통 구조는 조직과 리더에 대한 신뢰를 형성하는 중요한 요소이기에, 경영자나 리더는 공적인 정보의 가공과 전달 방법이 무엇보다 중요하다는 걸 반드시 알아야 한다.

의사소통을 얘기할 때 '후지산의 눈'이라는 표현이 있다. 후지 산에 눈이 가장 많이 내리는 2월 전후에도 후지산의 100%에 눈이 내리지 않고 약 80% 정도만 눈이 내린다. 산의 상층부와 하층부의 환경이 달라 기온 차이가 있기에 어떠한 경우에도 산의 밑자락까지 눈이 내리지는 못하는 것이다. 소통의 경우도 비슷하다. 공감대를 형성하고 설득하여 실행하더라도 직원의 50% 이상이 리더의 생각을 완벽히 이해하고 일을 하는 경우는 없다. 경영자나 리더가 아무리 좋은 이야기를 하거나 소통을 해도 직원들 모두에게 완벽한 전달이 이루어지지 않을 만큼 소통은 어려운 과정이라는 것이다. 국가에서든 기업에서든 마찬가지다. 그래서 중요하고 의미 있는 이야기일수록 한 번이 아니라 수백 번, 수천 번 이야기해야 더 많은 구성원이 그것을 기억하고 실행할 수 있다. 방법뿐 아니라 빈도와 횟수도 중요한 요소라는 것이다.

위기 상황에서 더욱 중요한 깔때기 소통법

직장 내 소통은 충분한 공감대를 통하여 차근차근 이루어지는 것이 중요하다고 강조했지만, 평시와 비상 상황에서의 소통은 방법과 채널이 달라야 한다. 이는 조직이 긴장하고 있는 상황에서 진행되는 일인 만큼 고려할 요소가 더욱 많기 때문이다. 무엇보다 적기를 맞추는 것이 중요하며, 신속하되 충분한 고민을 통해 완벽한 수준으로 가공하여 직원들에게 혼란을 초래하지 않아야 한다. 단일한 정보, 단일한 소통체계를 통해 구조화하는 시스템이 갖춰지면 좋을 것이다. 업무가 이루어지기 위해 소통이 잘 되어야 하는 것은 항상 중요하지만, 비상시에는 더더욱 중요하다. 위기 상황에서는 의사전달 방법이 복잡하면 안 되고, 모든 정보가 깔때기처럼 하나의 소통체계로 모아져야 한다.

기업 내에서 소통이 잘 이루어지지 않는 경우가 많다. 만약 어떤 사고가 터졌다면, 홍보 책임자나 CEO 등 대표할 수 있는 인물이 명료하게 사과나 보상 부분에 대한 메시지를 전해야 한다. 그러지 않으면 기자들이 각자의 방식대로 전하면서 내용이 잘못 전달되거나 부풀려질 수 있다. 이러한 혼란함을 줄일 수 있는 것은 단일 메시지를 통한 정확한 소통이다. 국가든, 기업이든 가정이든 마찬가지다. 혼란한 얘기가 사방에서 쏟아지는 게 아니라 하나의 동일한 메시지로 간결하게 전달되어야 한다. 여기저기에서 산발적인 메시지가 전달되면 혼선을 일으킬 수밖에 없다. 기업에서도 위기 상황에서는 물론이고 평소에도 효과적인 커뮤니케이션 방식을 갖기 위해서는 깔때기처럼 한 방향으로 초점을 맞추어 전달하는 것이 중요하다. 톱다운 방식으로 전해지다 보면 내용이 왜곡될 수 있기 때문에, 정확한 메시지를 전달할 수 있도록 이메일 등을 이용해도 좋다. 최소한 경영자의 철학이나 비전에 대해서 전체 직원에게 동일하게 공유할 수 있어야 한다. 혹은 공식적인 소통의 장인 경영 설명회 같은 걸 통해서, 한 달에 한 번이라도 전체 직원들을 모아 경영 실적을 비롯해 여러 가지를 공유하는 것도 좋은 방법이다.

또한 메시지를 전달하는 방법에서 효율적이고 효과적인 소통 구조를 찾기 위해서는 공식 소통과 비공식 소통이 잘 병행되어야 한다. 특히나 비공식적인 소문에는 신경을 쏟아도 정작 공식적인 메시지에 별로 관심이 없는 경우가 많다. 공식 소통이 정확한 메시지가 되기 위해서는 직원들 사이 관계에 신뢰가 있어야 한다. 그래야 비공식적으로도 그 메시지가 전달된다. 경영자라면 직원들과 함께 밥도 먹고, 문제가 생겼을 때는 개인적으로도 소통하며 관계를 형성해야 한다. 공식적으로 100번을 만나도 그것을 관계나 소통이라고 볼 수 없다. 평소에 개인적 신뢰 관계가 쌓여 있을수록 공식 메시지가 정확하게 전달될 확률이 높다. 소통의 본질 중 하나는 신뢰이다.

사고가 발생했을 때 기업의 대응 방법은 커다란 리스크로 돌아오기도 하고, 오히려 이후 고객들의 신뢰를 얻을 수 있는 기회가 되기도 한다. 비즈니스 현장에서의 소통이라는 것은 성과를 만들어 내고, 고객과의 신뢰를 얻을 수 있는 첫 번째 요소이기 때문이다. 고객과의 관계에서 가장 중요한 것이 신뢰와 충성임을 절대 잊어서는 안 된다.

2.
적중도를 높이는
전략적 사고

23전 23승 이순신 장군의 승리 비결

아파서 병원에 갔을 때 제일 중요한 것이 뭘까. 의사가 정확한 진단을 내리는 것이다. 그래야 그에 따른 가장 적절한 처방을 내릴 수 있기 때문이다. 마찬가지로 경영에 있어서도 정확하게 진단할 수 있는 객관화된 도구가 필요하다. 그 후에 결과값을 얻기 위해 가장 빠르고 효과적인 전략을 짜야 할 것이다. 정확하게 진단하고, 진단에 맞는 적확한 처방전을 쓰는 것이 전략적으로 성과를 내는 비즈니스의 역량인 셈이다. 그러려면 조직을 정확히 들여다볼 수 있는 어항과 같은 시스템이 있어야 한다. 어항 안에 있는 물고기가 생동감 있게 움직이는지 아니면 비실비실하게 움직이는지, 또는 죽었는지를 정확히 볼 수 있어야 바른 처방전을 쓸 수 있다.

전략적이라는 것은 간단히 말해 자원을 가장 효과적으로 활용하여 성과를 내는 방식이다. 전략에는 여러 요인이 포함된다. 전투 현장을 예로 들어 보자. 산이 있고 그중 산꼭대기를 타깃으로 잡았다면 어떻게 그곳까지 가장 빠르게, 적에게 노출되지 않고 인명 피해를 최소화하면서 도달할 수 있을까? 그에 대한 구체적인 아이디어를 도출하는 것이 바로 전략이다. 그러려면 그 안에는 여러 요소가 포함될 것이다. 지형도는 기본이고, 상대의 무기와 공격력을 파악해야 하고, 내가 가진 무기, 전투원, 인프라에 포함되는 물류나 자원들도 종합적으로 고려해야 한다. 그래서 타깃에 도착하는 여러 가지 방법 중 가장 효과적인 전략을 찾아내야 할 것이다.

1597년, 명량 해전에서 이순신 장군은 13척의 함대로 333척의 왜군 함대를 상대로 큰 피해 없이 31척을 괴멸시키며 승리를 거두었다. 수적 열세가 분명했음에도 이순신 장군이 명량 해전에서 승리할 수 있었던 이유는 무엇일까. 이순신 장군이 연전연승할 수 있었던 3가지 능력을 꼽을 수 있다. 첫째, 임진왜란이라는 위기 상황을 예측하고 거북선이라는 새로운 아이디어를 개발하여 대비한 직관력이다. 둘째, 지형과 조석 등에 대한 철저한 분석력이다. 지형마다 다른 전술을 사용하였으며, 왜선과 조총에 대한 분석을 통해 거북선을 개량했고, 정탐원과 정보원을 파견해 적의 동태를 살펴 현재 상황을 정확하게 분석했다. 셋째, 강력한 리더십을 동반한 실행력이다. 아무리 좋은 전략도 실제로 적용하지 않으면 의미가 없다. 준비한 전략을 철저하게 실행할 수 있었던 능력이 최종적으로 전쟁을 승리로 이끌었다.

비즈니스는 결국 성과로 이어져야 한다. 성과를 내지 못하는 첫 번째 이유는 목표가 분명하지 않기 때문이다. 분명히 이뤄낼 수 있다는 자신감이 있어도 정확한 목표를 설정하지 않으면 그에 따른 전략이나 전술도 막연하고 추상적일 수밖에 없다. 성과를 내는 방법은 정확히 그 반대다. 분명한 목표를 설정하고 문제를 파악한다. 문제가 발생하게 된 배경, 쟁점이 되는 핵심 이슈, 전략 목표와 성공 기준, 제약 조건을 명확히 인지하는 것이 첫 단계다. 사실에 입각해 객관적인 분석과 논리적인 사고를 통해 접근하고, 그에 따른 심플하고 구체적인 전략을 선택해야 한다.

즉, 목표가 있다면 정확한 전략을 통해 고객에 대한 적중도를 높이는 것이 중요하다고 할 수 있다. 이렇게 일의 전략을 짤 때 가장 기본적으로 도움을 받을 수 있는 유용한 도구가 바로 3C, 리뷰, 피드백이다.

• 3C

3C는 자사에 영향을 미치는 요인을 고객Consumer과 자사Company
와 경쟁사Competitor의 세 가지 관점으로 나누어 분석하는 것이다.
이를 통해 우리가 처한 상황과 환경에 대해 먼저 정확히 이해해
야 한다. 우리가 가진 자원을 바탕으로 그에 걸맞은 전략을 짜
야 한다. 아무리 우수한 제품을 개발했다고 해도 잘 팔리는 구조
를 만들지 않으면 고객은 알아주지 않는다. 자사에 대해 내부 인
적, 물적 자원의 현황과 인지도, 기술력 등을 분석하고, 경쟁사에
대해서는 그들의 강점이나 우리와의 차별성 등을 분석해야 한다.
경쟁사와 비교하여 차별화되는 더 나은 무언가를 가지고 있어야
만 경쟁 우위를 획득할 수 있다.

다만 비슷한 수준의 경쟁자를 대상으로 했을 때에는 단점까지
도 배울 수 있기 때문에, 특정 분야에서 가장 확실한 성공 원리를
가지고 있는 선도 기업을 보고 분석하며 배워야 한다. 최고의 경
쟁자를 분석하여 무작정 따라하는 것이 아니라, 성공에 대한 그
들의 기준과 핵심 원리를 찾아내는 것이다. 예를 들어 자라의 경
우 회전율 12회라는 최고 기준을 가지고 있고, 이를 위해 2주마
다 새로운 제품을 선보이고 또한 이를 위한 생산 클러스터를 보
유하고 있다. 왜 그런 기준을 세웠는지, 어떻게 이를 가능하게 했
는지, 자사에 적용하여 발전할 수 있는 기준과 원리를 발견하는
것이 분석의 기본 단계다.

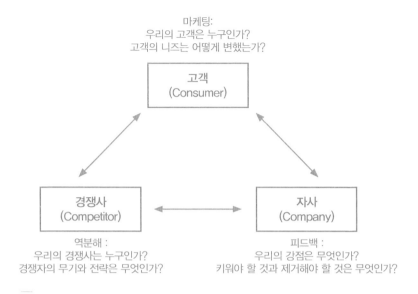

마케팅:
우리의 고객은 누구인가?
고객의 니즈는 어떻게 변했는가?

고객
(Consumer)

경쟁사
(Competitor)

자사
(Company)

역분해 :
우리의 경쟁사는 누구인가?
경쟁자의 무기와 전략은 무엇인가?

피드백 :
우리의 강점은 무엇인가?
키워야 할 것과 제거해야 할 것은 무엇인가?

—
3C 분석

또한 고객 분석이란 우리의 타깃 고객뿐 아니라 기업과 관련된 이해관계자나 협력사들도 포함된다. 고객의 성향, 트렌드, 니즈 등을 정확히 파악할수록 더 효율적으로 핵심 니즈를 파고들어 비즈니스를 발전시킬 수 있다.

• **피드백**

피드백은 가장 중요한 일의 기본 중 하나다. 기존 정보를 바탕으로 분석하고 부족한 점은 어떻게 개선할 것인지 돌아보는 단계다. 즉, 기존의 경영 계획을 끄집어내어 정독하고 반복되는 실패와 이유를 찾아 뿌리부터 고치는 것이다. 잘못된 지점에 대해 뼈저린 반성을 하며 새로운 각오를 다지는 것은 리뷰가 아니다. 실패를 정확히 찾아내고, 일하는 방식을 바꾸는 근본적인 변화를 꾀해야만 다음 단계로 나아갈 수 있다.

하나의 전투를 마쳤다면 과연 누가 최고로 잘 싸웠는지, 잘못된 게 있다면 무엇인지 피드백을 통해 점차적으로 더 좋은 방법을 찾아내야 한다. 피드백은 잘못을 뉘우치는 것과는 다르다. 잘못된 프로그램이라면 그것을 바꾸어 끼우는 것이다.

EBS에 〈우리 선생님이 달라졌어요〉라는 프로그램이 있었다. 한국 최고의 코칭 전문가 조벽 교수를 비롯한 다양한 전문가의 도움을 받아 수개월 동안 자신의 수업을 노출하고, 어떤 문제점이 있는지를 발견한 후 잘못된 방식을 중간중간 점검을 받으며 개선하는 프로그램이었다. 이 프로그램에 참여한 선생님들은 자신이 가진 교육 방법의 문제점을 솔직하게 드러내고 바꾸기 위해서 전 국민 앞에 서는 대단한 각오와 결심을 보여준 셈이다. 한 편마다 자신의 잘못된 교육 방식에 대해 코칭을 받고, 잘못된 부분을 정확히 파악하여 하나씩 개선해 나가는 선생님들의 모습을 볼 수 있었다. 한마디로 피드백이 무엇인지를 무척 잘 보여 주는 프로그램이었다. 피드백이란 교훈이나 반성을 의미하는 것이 아니라 기존의 잘못된 관행이나 습관, 삶의 방식을 철저하게 바꾸는 것을 의미한다. 결국 피드백이란 목표를 정하고 행동한 후에 목표와 성과를 비교하면서 자신의 강점과 약점을 파악하고 개선하는 활동이다.

논현동에 있는 한 유명한 중식당 대표는 손님이 음식을 남기고 가면 그걸 꼭 먹어본다고 한다. 더럽다고 생각할 수도 있지만 그보다 중요한 건 왜 남겼는지 알아야 개선할 수 있기 때문이다. 그렇게 만들어낸 자부심 있는 맛이 전국적으로 유명세를 타면서 대표 메뉴인 탕수육은 하루에 평균 400그릇이 팔리고, 많은 날은 500그릇도 나간다고 한다. 이 역시 꾸준하고 정확한 피드백이 성공을 이루고 지속시킬 수 있다는 것을 알려주는 좋은 사례다.

점진적 변화와 파일럿 테스트

우리나라의 주식인 쌀 중 가장 좋은 쌀은 뭘까? 시장에서 가장 비싸게 판매되고 있는 쌀은 광주의 대왕님표, 이천의 임금님표, 그리고 철원 오대미다. 광주 쌀은 20kg당 약 6~7만 원대로 판매하고 있다. 의외인 것은 우리나라에서 쌀이 가장 많이 나오는 지역의 쌀은 오랫동안 시장에서 인정받지 못했다는 점이다. 경기 광주 쌀에 비하면 절반도 안 되는 가격에 판매되었고, 심지어 다른 지역의 쌀로 흡수되어 신분 세탁용 쌀로 섞이기도 했다. 좋은 쌀이 많이 생산되는데도 쌀에 대한 브랜딩 개념이 없었기 때문에 그만큼의 가치를 인정받지 못했던 것이다. 브랜딩을 하려면 기업이나 지자체에서 비전, 미션, 고객 가치를 정리한 고유의 철학을 가져야 한다. 그것이 정리되어야 하나의 색깔을 가진 브랜드가 되고 그 후에 마케팅으로도 연결될 수 있다.

당장 3만 원대에 팔리고 있는 쌀의 이미지를 한순간에 고급 쌀로 탈바꿈하기란 쉽지 않다. 그래서 이 지역은 쌀의 한 품목을 먼저 테스트했다. 기업에서 어떤 제품을 출시하기 전에 파일럿 테스트를 하는 것과 마찬가지로 실제로 쌀을 브랜드화하기 전에 먼저 한 품종을 테스트한 것이다. 쌀의 품종과 재배 방식을 최고 수준으로 바꿔 나가고, 그것이 완성되었을 때 브랜딩 관점으로 접근했다. 특히 패키지의 고급스러운 포장, 쌀에 대한 정확한 철학의 안내를 통해서 사람들이 선호하는 방식을 타기팅했다. 지금은 최종적으로는 현재 9만 원대의 고급 쌀로 업그레이드하여 현대백화점 등의 유통 채널에서 판매되고 있다. 이는 일종의 파일럿 테스트를 통해서 시장의 작동 원리를 찾아낸 사례다. 이렇게 포지셔닝에 성공하면 그 뒤로 이어지는 리포지셔닝은 훨씬 더 쉬워진다. 이미 해당 지역에 유명한 쌀이 생겨났기 때문에 지역 내의 다른 쌀도 그 영향을 받을 수밖에 없기 때문이다. 덕분에 이후로는 더 많은 쌀들이 이름을 가지고 소비자들을 만날 수 있게 될 것이다.

이처럼 변화를 꾀할 때는 한 번에 모든 걸 뒤바꾼다는 접근보다는 파일럿 테스트를 통해 가능성을 점검하고 그것을 전체로 확대해 나가는 것이 유리하다. 아무리 좋은 제품이나 서비스라고 해도 시장에는 여러 가지 변수가 있기 때문에, 중간 단계를 통해 충분한 검증을 거쳐야 위험성을 낮출 수 있다. 파일럿 테스트의 결과를 토대로 검토와 분석을 하여 좀 더 효율적이고 바른 결정을 할 수 있도록 고민하는 단계가 필요한 것이다.

탁월한 회사들은 이러한 전략을 토대로 자신들만의 노하우를 가지고 있다. 예를 들어 과거 성수동 한 매장에서는 특정한 매기(상품을 사려는 분위기)를 예측하고 고객에 대한 적중도를 높이기 위해서, 미리 매장에서 특정 상품 컬렉션을 직접 시뮬레이션해 보는 시스템을 갖추고 있었다. 일단 상권이나 상품, 출시 시기 등을 고려한 시스템에 따라 1층, 2층, 3층에 각 품목을 진열한다. 그리고 명절처럼 특수한 시기에는 성수동 현장에서 실제로 구현해 본다. 시스템을 기반으로 한 진열 방식이 고객에 대한 적중도를 높이고 최적화되어 있는지 눈으로 확인하는 것이다. 고객, 빅데이터, 시장 동향 등을 결합하여 놓치는 게 없도록 큰 흐름을 파악하고, 이후에는 현장의 불편이나 고객의 소리도 반영해 적용한다. 이러한 관점을 통해 전체적인 시각을 가지게 되며 최종적으로는 고객에 대한 적중도를 높이는 것이 비즈니스 전략의 핵심이다.

제품의 출시뿐 아니라 다른 일에서 변화를 줄 때도 마찬가지다. 과거의 것을 모두 청산하는 게 과연 좋은 것일까? 기존의 시스템에는 유지해야 할 것도 있고 잘못되어 폐기해야 할 것도 있는데, 그걸 전반적으로 모두 폐기해 버리면 결국 똑같은 시행착오를 반복적으로 거쳐야 한다. 이는 엄청난 자원 낭비와 손해를 가져오는 일이다. 실질적인 위험성뿐 아니라 관련된 사람들의 불만도 따른다. 책임자나 리더가 바뀌었을 때 안정적인 변화를 위해서는 무작정 모든 판을 엎는 것이 아니라 질을 바꾸어 양을 바꾼다는 개념을 가져야 한다. 기존에 잘했던 건 계승하며 유지하고, 잘못된 건 개선하거나 폐기하며, 새로운 개념은 추가해 나가면서 점진적인 변화를 꾀해야 할 것이다.

새로운 정책이나 실행을 시작할 때 중요한 것은 '닫힌 사고'를 하지 않는 것이다. 일을 하는 데는 A, B, C안만 있는 것이 아니라 A~Z까지 다양한 방법이 있을 수 있기에 사고를 유연하게 열 필요가 있다. 물론 점진적인 변화를 꾀할 경우 시간이 지체된다고 여길 수도 있으나, 그로 인한 단점보다 이점이 훨씬 더 크다. 만약 한 지역에서 쌀 전체를 브랜딩하기 위해 쌀 경작지 전체를 대상으로 했다고 하자. 최고 품질을 안정적으로 유지해서 선보여야 하는데, 그중 일부 쌀에만 문제가 생겨도 쌀 전체 브랜딩이 실패할 수 있다. 파일럿 테스트를 통해서 충분히 품질을 지속 가능한 수준으로 유지할 수 있는 표준화된 시스템을 만드는 것이 우선이다. 기업에서도 마찬가지로 큰 변화를 시도할 때는 점진적인 파일럿 테스트를 통하는 것이 더 유리한 전략이 될 수 있다는 점을 기억해야 한다.

나는 함께 공부하는 기업 대표들에게 항상 이런 얘기를 한다. 매년 새로운 신규 분야나 아이템에 10~20%의 자원을 투입하라는 것이다. 기업의 리더들은 새로운 시장과 수익원을 창출하는 것이 가장 중요한데, 10~20%를 투입하여 새로운 시도를 끊임없이 시도하면 또 다른 성장 가능성을 확보할 수 있는 셈이다. 혹 실패를 하더라도 기업의 존폐에 영향을 줄 정도가 아니기에 이러한 가능성을 열어두는 시도는 늘 유용한 성장 동력이 될 수 있다.

생존을 위한 고객 관점의 혁신

많은 기업의 리더들이 변화와 혁신을 외친다. 실제로 시장을 지켜보면 많은 기업이 오늘 행하고 있는 혁신의 결과로 내일 리더의 위치에 오르지만, 성공 기업 대부분은 한 세대 전에 이룬 혁신의 결과를 안일하게 좀먹으며 위험을 초래하고 있다. 혁신은 이전 세대에 대한 정확한 피드백을 바탕으로 계승, 개선, 그리고 추가하는 과정을 통해 현명하게 이루어야 한다.

특히 고객 관점의 혁신이란 기업의 철학과 고객 가치가 바르게 정립된 상태에서 기업 문화를 만들어 가는 것이다. 이를 위한 준비로는 첫째, 고객의 니즈와 불편을 정확하게 파악하고 고객에게 포커싱하여 실행하는 것이다. 이를 위해서는 많은 수의 고객을 직접 현장에서 만나는 것이 필요하다. 물론 현실적으로 어려움이 있다고 해도 최소 100명 이상의 고객을 만나려 노력해야 한다. 주기적으로 고객을 만나 그들의 이야기를 듣고, 묻고, 관찰하는 것이다. 설문조사나 고객 FGI 같은 방법도 좋지만 직접 접촉하여 생생한 소리를 듣는 것이 빠져서는 안 된다. 상황에 따라서는 실제 고객의 입장에서 일하고 생활해 보는 방법으로 직접 고객 입장을 경험하는 것도 고객 니즈와 불편을 파악하는 좋은 방법이다.

둘째로 고객에게 초점을 맞춘 혁신을 이루기 위해서는 미래 변화를 정확하게 예측하여 고객이 원하는 제품을 제공해야 한다. 거시 관점의 사회 변화, 소비자 트렌드의 변화, 선진국의 새로운 변화 등을 관찰하고 빅데이터와 스몰데이터를 적절히 활용하는 것이 고객의 니즈를 정확하게 파악하는 하나의 방법이다. 즉 세상의 변화를 잘 예측하고, 그 변화를 적극적으로 수용해야 하는 것이다. 예를 들어 거시 관점으로 사회 변화를 이해하기 위해서는 그 변화를 현장에서 확인하는 것도 좋은 방법 중 하나다. 나는 7년 전에 호주를 방문했다가 놀라운 현장을 방문한 일이 있었다. 호주의 노천광산 중 하나인 리오틴토의 채광 현장을 직접 목격한 것이다. 리오틴토 광산에는 철광석을 캐는 굴삭기나 수백 톤의 광석을 나르는 트럭도 무인화되어 있었다. 로봇화되어 가는 세상의 변화를 알고는 있었지만, 이와 같은 현장을 눈으로 직접 본 것은 큰 충격이었다.

또 다른 예는 로봇 바리스타의 등장이었다. 뉴욕이나 상하이에는 점점 로봇 바리스타의 사용이 점점 늘어나고 있다. 얼마 전까지만 해도 1대 당 가격이 1억이 넘어 대중화에 어려움이 많았으나 이제는 대량 생산이 가속화되며 3천만 원 수준까지 내려왔다. 2천만 원 미만으로 공급이 가능해진다면 우리나라의 많은 카페에서도 로봇 바리스타가 대중화되지 않을까 생각한다. 사회는 약한 AI에서 점점 강한 AI로 변화할 것이다. 사회의 많은 영역 중에서 오퍼레이션Operation의 영역은 사람을 대체하여 로봇이나 AI 시스템의 도입이 대세가 될 것이다. 결국 향후 5년 이후의 사회는 많은 영역에서 로봇이 사람을 대체하는 게 자연스러워질 것이기에 로봇을 사용하여 생산성을 올려 다른 영역에서 고객에게 다른 가치를 제공할 수 있도록 준비하는 것이 필요하다.

셋째로는 고객의 트렌드를 자연스럽게 파악하고 적극적으로 대응해야 한다. 이를 위해서는 다양한 통계 자료를 들여다보아야 하고, 매일 수많은 아티클을 읽고 현장에서 고객의 변화를 관찰할 필요가 있다. 현시점에서 주요한 라이프 스타일의 변화 중 하나는 1, 2인 가구의 비중이 50%를 넘으며 혼밥, 혼술족이 늘어나고 있다는 것이다. 경부선 상행선 안성휴게소를 처음 가보고 많이 감탄했던 기억이 있다. 안성휴게소는 '혼밥 존^{Zone}'을 일정 비율로 제공하여 휴게소를 혼자 이용하는 고객들의 편의를 제공하였다. 스마트폰 사용자를 위해 전원 충전 단자를 여러 곳에 배치한 것도 눈에 띄었다.

사회의 흐름이 소셜이나 퍼블릭까지 고민을 요구하는 수준에 이르렀다는 것이다. 다수의 고객은 환경 문제에 매우 민감하며 환경 문제를 등한시하는 기업에 대해 책임을 묻는다. 이를 위해 기업들은 포장지의 디자인을 변화시키거나 용량을 변화시키는 추세다. 대표적으로 생수를 예로 들 수 있다. 보통 회의할 때 길어도 2시간 이내로 진행하는 경우가 많은데, 그동안 대부분의 장소에서는 500ml 생수가 기본으로 제공되고는 했다. 생각해 보면 2시간 동안 500ml의 물을 다 마시는 일은 극히 일부다. 가뜩이나 물을 낭비하는 것도 옳지 않은 행동인데 플라스틱도 환경 문제를 일으키는 오염원이며, 크지 않다고 해도 비용까지 낭비되는 상황인 셈이다. 그런데 아이시스가 처음으로 350ml, 200ml 용기를 만들었고 이러한 시도가 작지만 의미 있는 전진이라고 볼 수 있다.

넷째는 고객이 원하는 상품, 콘텐츠, 서비스를 제공하기 위해서는 모든 비즈니스를 2년 주기로 리뉴얼하고 4년 주기로 리셋해야 한다. 현재 세상의 변화는 너무나 빠르게 이루어지고 있다. 고객들은 절대적인 로열티가 없다. 오직 고객이 원하는 제품을 만들 수 있는 기업이 선택받는다. 기술과 발전 속도는 물론이고 고객의 니즈도 격변하고 있는 만큼, 모든 비즈니스를 원점에서 다시 검토할 필요가 있다.

나는 함께 공부하는 기업 대표들에게 간혹 "5년 뒤에도 대표님의 사업이 안전하고 평탄할 수 있다고 생각하십니까?"라고 묻곤 하는데, 한 사람도 이 질문에 대해 이렇다 할 확신을 갖는 경우를 보지 못했다. 그만큼 기업 대표의 고민이 크다는 것이다. 이를 해결하는 방법은 결국 고객에게 포커스를 맞추는 것이다. 호황기에 구조 조정을 하고 불황기에는 혁신에 집중해야 하는데, 대부분의 기업은 반대로 진행하고 있다. 과거에는 10년에 한 번 강산이 변했다지만 지금은 1년에 한 번씩 강산이 바뀌고, 앞으로의 사회는 분기에 한 번씩 바뀔 만큼 큰 변화가 있으리라 생각한다. 이런 변화 속에서 생존하기 위해서는 현 시점에서 혁신을 진행해야 하며, 다음 단계를 위한 성장 동력과 성장 엔진을 준비하고, 그 다음 단계의 시드Seed를 뿌려야 한다. 그래야만 지속 가능한 경영 구조를 만들 수 있기 때문이다.

마지막으로는 고객에게 완전히 몰입Obsession하는 문화를 만들어야 한다. 조직 스스로 고객 중심의 문화를 만들어가지 않으면 앞서 말한 혁신도 이루어지기 어렵다. 아마존 창업자 제프 베이조스$^{Jeff Bezos}$는 기업이 영속하는 유일한 방법은 "구성원들이 고객에게 몰입 아니, 신들린 것과 같은 문화를 가지는 것뿐"이라고 말하기도 했다. 훠궈 전문점인 하이디라오의 경우, 기존에는 전혀 존재하지 않았던 상상 이상의 서비스를 내놓았다. 대기 고객을 위해 보드게임 테이블을 구비하거나 손톱 관리 서비스를 제공한 것이다. 이 역시 서비스에 있어 좋은 혁신의 사례라 할 수 있겠다.

지금처럼 격변하고 예측이 불가능한 시대에 생존하기 위해서는 오직 고객에게만 집중하는 문화가 필요하다. 마윈$^{Ma Yun}$은 "기술은 카피가 가능하나 고객 문화는 어떠한 경우에도 카피가 불가능하다."라고 말했다. 그렇다. 개개의 기업은 고객 특성에 맞는 문화를 만들어 내고, 그것을 변함없이 유지시켜야 지속적으로 생존할 수 있다는 사실을 깨달아야 할 것이다.

보이지 않는 새로운 시장을 발굴해야 한다

만약 구로동에 있는 A사가 신규 볼트를 판매해야 하는 상황이라면 어떻게 해야 할까. 기존의 영업장뿐 아니라 신규 사업처를 발굴해야 하는 상황이라면, 우선 그 대상을 정해야 할 것이다. 영업 대상을 전국으로 할 것인지, 혹은 서울 전체로 두고 할 것인지 먼저 정해야 한다. 우선 서울을 대상으로 한다고 하면 그 안에서 볼트를 판매할 수 있는 업종들을 꼽아볼 수 있다. 각 업종에 맞는 회사의 리스트를 서치하고 그 특징을 살펴 10개 정도를 선정한다. 그 뒤 1차 셀렉션을 하고 2차로 우선 순위를 정한 뒤, 3차로 기업별 세부 분석과 대응책을 마련하여 본격적인 영업의 단계로 넘어간다.

다시 자세히 살펴보면, 우선 시장에서 보이지 않는 곳까지 들여다보며 어디에 수요가 있고 어디에서 실질적으로 사업이 가능할지 찾아내는 것이 첫 단계다. 그리고 각 기업을 디테일하게 다시 분석해야 할 것이다. 납품하려는 경우 어떤 곳은 만나는 것이 아예 불가능하며, 친인척이 운영하여 진입이 어렵고, 어떤 곳은 뇌물로 작용하고, 또 어떤 곳은 담당자가 직접 품질과 가격으로 판단하는 회사라고 하자. 그러면 최종적으로 영업 가능성이 높고 진입 가능한 회사 리스트가 나올 것이다. 이때 우선 순위로 꼽을 수 있는 3군데 정도의 회사에 실제로 영업을 시도할 수 있다. 물론 이 단계에서도 접촉이 쉽지 않을 수 있다. 정교하게 영업하는 방식도 따져 보면 기술이기도, 공학이기도 하다. 만나기가 어렵다면 다양한 커뮤니티 활동을 통해 컨택 포인트를 찾아야 한다. 어떤 경우는 건물 관리 업체의 보안 요원과 커피 한 잔을 통해 소통의 기회를 만드는 등 기존에 없던 새로운 방법을 적극적으로 찾아야 한다. 보통 우리는 늘 익숙하고 편한 방식을 따르려고 하는데, 익숙하고 편한 것에 안주하면 새로운 기회를 얻기 어렵다. 목표값을 달성하고 경쟁력을 갖추려면 보이지 않는 면에서 새로운 시장이나 수익원 등을 끊임없이 발굴해야 한다. 이처럼 비즈니스에서 경영자는 관리만 하는 사람이 아니다. 새로운 시장과 수익원을 찾아야 하는 사람이다.

두 자리 수 R&D 기업은 망하지 않는다

생산성을 올리기 위해서는 위험을 분산시키고 새로운 시장의 기회를 찾아야 한다. 이를 위해서는 개인의 성장, 조직의 성장, 그리고 파트너사의 성장까지도 모두 연결되어 있다고 봐야 한다. 또한 기업의 차원에서는 기술과 인재, 시스템과 상품에 대한 투자가 모두 중요하며 R&D 영역에 대해서도 소홀히 해서는 안 된다. 특히 그중에서도 주로 기술이나 시스템 쪽에 대한 투자가 중요하다.

실제로 주변을 보면 많은 회사가 R&D에 1%도 투자하지 않는 경우가 많다. 그러다 보면 시장에 새로운 경쟁자가 나왔을 때 새로운 기술이 없어 쉽게 무너질 수 있다. 코로나19로 세계적인 위기가 닥쳐왔을 때 우리나라의 경우 제조에서 절대 우위가 있었기에 가능했다. KF94 수준의 마스크와 백신을 생산하는 것의 핵심은 제조 설비와 공정이었다. 2022년 현재 모더나 코로나19 백신은 삼성바이오로직스가 지난해 5월 CMO 계약을 맺고 국내외로 공급하고 있다. 노바백스 백신은 SK바이오사이언스가 CMO를 전담하고 역시 국내외로 공급하는 상황이다. 아스트라제네카 백신 생산은 지난해 12월로 SK바이오사이언스와 CMO 계약이 종료됐다. 그동안 SK바사나 삼성바이오로직스가 설비와 기술 투자를 등한시했다면 절대로 이런 일은 있을 수 없었을 것이다.

세계 최첨단 분야의 기업들의 경우 기술 경쟁에서 한 순간 뒤처지면 기업의 존폐가 달려있기에 필사즉생의 자세로 기술 개발에 임할 수밖에 없다. 이제 기업의 규모가 크다고 안전한 시대가 아니다. 세상의 변화에 민감하게 대응하고 빠르게 변화할 수 있는 기업만이 생존이 가능한 시대다. 따라서 궁극적으로 R&D 비율을 두 자리까지 올리는 회사라면 성장과 지속 가능성도 높아질 수밖에 없다고 본다. 비교 우위, 절대 우위 기술이 많을수록 다음 단계를 위한 전략을 준비할 수 있고 그만큼 회사가 탄탄해지는 것이다.

3.
경영 시스템을
구축하라

경영은 곧 시스템이다

경영은 일하는 문화와 시스템의 구축이라 할 수 있다. 기업은 표준화된 도구와 경영을 효율적으로 관리할 수 있는 시스템을 만드는 것이 중요하다. 만약 건물을 짓는다고 해도 조감도, 설계도, 시방서 등의 과정을 거쳐서 전체부터 디테일까지 확인하는 시스템이 필요한 것처럼 일에서도 마찬가지다.

예를 들어 회사는 돈, 인재, 자원 등의 여러 가지 자산을 가지고 있다. 경영자 입장에서는 이러한 자산을 손바닥 안에서 보듯 꼼꼼하게 파악하고 있어야 한다. 그런데 시스템이 없다면 어떨까? 모든 일을 주먹구구로 진행한다면 어떠한 결정에 있어 중요한 요소를 빠뜨리는 일이 비일비재하게 일어날 것이다. 하다못해 미국에 출장을 갔을 때 어떤 인물에 대한 정보가 필요하다면, 한국에 전화해서 인사 담당자와 통화부터 해야 하는 번거로운 상황이 발생하게 된다. 현재 전 세계에 어느 곳에 있든지 필요한 정보를 바로 파악하고 의사 결정이나 거래를 할 수 있는 것도 효율적인 시스템이 존재하기 때문이다.

만약 직원이 아직 100명 이하인 규모의 조직이라면 굳이 이러한 도구가 필요하지 않을 수도 있다. 아직은 그때그때 닥치는 문제에 대해 바로 논의하고 맨파워(인력) 방식으로 일해도 효율적일 수 있기 때문이다. 이때는 오히려 중요한 것이 직원들의 인식관이나 일하는 방식이다. 아직은 리더가 직원들을 하나하나 만나보고 평가하거나 피드백하는 데도 큰 문제가 없을 것이다. 하지만 직원 100명이 넘어간다면 자연히 사각지대가 생기게 된다. 그러면 문제는 공정하거나 투명한 관리가 현실적으로 어려워진다는 것이다. 기업을 하나의 커다란 어항이라고 생각한다면, 그 어항 속의 물고기를 한 마리씩 살피고 돌볼 수 있는 데에는 한계가 있다. 100 마리, 1천 마리를 넘어간다면 어항을 돌보는 기준이나 관리 시스템에 대해서도 고려해야 할 시점이 올 수밖에 없다.

이렇게 많은 직원을 대상으로 인재 관리를 할 때, 성과 평가를 하더라도 일관된 기준이나 시스템 없다면 많은 어려움이 예상된다. 일에 대해 최소한 월 1회, 분기별 1회 등의 시기를 정하고 항목별 체크 리스트를 만들어야 그것이 시스템으로 정착될 것이다. 그러면 누가 그 자리에 오더라도 일관성 있게 그 일을 수행할 수 있게 된다. 또한 특별한 이벤트가 발생하여 결괏값이 달라졌을 때, 직관적으로 파악하는 것도 중요하지만 시스템에 기록이 남아 있어야 정확하게 분석하고 평가할 수 있다. 실제로 글로벌 기업은 직원들과 매주 다양한 방식으로 면담하면서 그들이 일하는 방법과 성과를 기록하여 시스템에 남긴다. 따라서 평가에 객관성과 합리성을 가진다. 그것을 바탕으로 인사위원회나 평가위원회가 만들어질 때 자칫 놓칠 수 있었던 사각을 보완할 수도 있다. 그래서 경영은 곧 시스템이라고 이야기하기도 하는 것이다.

그러나 대부분 한국 기업의 인사평가는 반기나 1년에 한 번씩 직원을 만나 톱다운 방식으로 개인 평가를 해버리는 경우가 많다 보니 문제가 발생한다. 기업에서 PDCA(Plan‑Do‑Check‑Act)의 관점으로 업무를 지속적으로 관리하며 개선해나간다고 해도 정확한 기준이 없으면 보는 관점마다 결과가 달라지고 혼란해지기 쉽다. 개인별 정확한 피드백이 없고, 중간에 어떻게 일을 하며 성과는 무엇인지 체크하거나 필요한 코칭이 없는 채로 일방적인 평가를 할 때 직원들의 심정을 생각해 봐야 한다. 그래서 기업들에 OKR^{Objectives and key results}과 같은 도구가 필요한 것이다. 그리고 성과 피드백을 하는 시간을 반드시 가져 직원들의 성과를 더욱 개선해야 하는 것이 관리자들이 가져야 할 바른 태도다.

이처럼 조직에서 일하는 데는 이를 효율적으로 지원해 주는 도구와 시스템이 필요하다. 맨파워로 일하는 것도 좋지만 어느 정도 단계가 되면 시스템과 결합시키는 것이 좋다. 그리고 이는 미리 예측, 설계하고 준비해야 한다. 언제 기회가 오고 조직의 사이즈가 커질지 모르기 때문이고, 작지만 영향력 있는 조직을 목표로 하더라도 마찬가지다. 규모가 작을 때 미리 준비하고 테스트하는 과정이 있어야 그 시스템을 적용하는 단계가 왔을 때 시행착오를 줄이고 안정적으로 적용할 수 있기 때문이다. 직원이 50명일 때는 없던 시스템을 150명이 되었을 때 갑자기 만들어서 적용하려고 한다면 시행착오가 생기고 혼란스러운 시기를 겪을 수밖에 없다.

경영 도구와 시스템이 전부라거나 무조건 정답이라는 것은 아니다. 자칫 도구만능주의나 관리만능주의로 기우는 상황도 유의할 필요가 있다. 시스템이 아무리 완벽해도 그것이 생산성 증가로 이어지는 것은 아니기 때문이다. 성과에 있어 경영자의 의사결정이나 전략, 조직 문화가 80% 정도의 생산성을 만든다면 시스템을 통한 생산성 증가는 20% 정도에 불과하다. 즉 시스템이 일을 완성시키는 것이 아니라 일을 좀 더 효율적이고 편하게 할 수 있도록 돕는 도구라고 생각해야 한다.

공정거래 관련 리스크 예방 시스템을 구축해야 한다고 하자. 먼저 공정거래 리스크에 대한 정확한 이해가 필요할 것이다. 공정거래 리스크란, '불공정 행위로 인한 공정거래법령을 위반하여 회사에 유형적, 무형적 재산 손실을 초래하는 것'을 말한다. 이때 발생할 수 있는 리스크 중 유형적 손해란 과징금이나 부당이득 반환이 될 것이고, 무형적 손해는 회사의 명성과 신용이 저해되는 상황이라고 볼 수 있을 것이다.

그렇다면 어떻게 이를 예방할 수 있을까? 크게 정리하자면 공정거래 전문 인력을 양성하고 매뉴얼과 시스템을 완성하여 운영해야 한다. 인재 확보, 교육, 프로그램 도입, 표준화와 전자계약 완성, 공정거래 매뉴얼과 방어 시스템 완성, 그리고 연 2회의 점검 시스템을 갖추는 과정이 차근차근 이루어지는 방법이다.

변화와 혁신이 실패하는 이유

많은 기업에서 혁신과 변화를 외치며 해외의 좋은 사례를 벤치마킹하려 하지만 금방 실패하는 경우가 많다. 그 이유가 뭘까. 리더들이 주의해야 하는 것 중의 하나가 바로 어떤 좋은 사례에 대해서 맹신하고 따라가려고 하는 것이다.

많은 기업의 리더들이 어떤 좋은 시스템을 발견하게 되면 '우리도 저렇게 해야겠다'고 큰 고민 없이 도입하는 경우가 많다. 하지만 애초에 애플이 완벽한 회사라고 할 수도 없고, 또 미국 문화와 한국 문화도 다르기 때문에 특정 사례를 그대로 가져와서 적용하는 것은 굉장히 위험한 일이다. 좋은 사례가 있다면 하나의 사례를 가져오는 것이 아니라 10가지, 100가지 사례를 들여다보고 그중에 균형을 맞추며 우리 회사에는 어떻게 적용하면 좋을지 고민하는 단계가 필요하다.

일부 조직 컨설팅을 하는 업체들의 아쉬운 점도 이 부분이다. 애플, 구글, 아마존 등 글로벌 기업의 사례들을 기본적인 시스템도 갖추지 못한 중소기업들에게 전파하는 것이다. 전혀 준비되어 있지 않은 중소기업들에게 글로벌 기업들의 사례는 정신적인 만족을 줄지는 모르나 실제 적용하는 것은 불가능에 가깝다. 일하는 인식관이나 태도를 배우는 것은 필요하다. 그러나 복지의 구조가 다르다. 해고가 비교적 자유로운 글로벌 기업과 한국 기업은 문화 자체가 다르기 때문에 그러한 시스템의 도입 역시도 매우 신중해야 한다.

기업 코칭을 하다 보면 그들에게 유의미한 조언이나 답을 건네야 할 때가 있다. 그런데 가장 좋은 사례가 하나 있다고 해서 그 사례의 방식을 모두에게 권하는 것이 의미가 있을까? 그보다 사례의 본질을 이해하고 그것을 다시 조합해서 현장에 가장 잘 맞는 방식으로 풀어 내는 것이 중요하다. 책을 한 권만 읽는 사람이 책을 안 읽는 사람보다 더 위험하다고 하지 않은가. 'Best practice'를 그대로 적용하는 것이 아니라 우리가 가진 회사의 문화, 직원들의 역량, 일하는 방식 등을 종합적으로 보고 결정해야 하는 것이다.

또한 경영의 도구나 시스템이라는 것은 결국 사람이 일을 효율적으로 할 수 있도록 돕는 장치다. 그것을 적용하는 시기와 방법 역시 직원들이 충분히 준비가 된 시점이어야 한다. 직원들에게 찾아가고, 묻고, 듣는 시간을 가진 뒤 처음부터 100%를 완성시키려 하지 말고 계단처럼 단계를 밟아가는 것이 좋다. 그렇지 않으면 사상누각이라는 문제가 발생할 수 있다. 만약 경영자들이 좋은 사례를 그대로 적용하기 위해서 매번 새로운 도구나 시스템을 툭툭 던진다면, 오히려 그것들이 일을 방해한다. 결국 아무리 좋은 시스템이라도 1년 안에 흐지부지해지거나 무용지물이 되어 버리는 것이다.

실제로 경영 도구나 시스템을 회사에 도입했을 때 90% 정도는 1년 내에 실패하는데, 그 이유는 대부분 회사에 철학이 부재하거나 경영자의 집요함이 떨어지기 때문이다. 어떤 시스템을 완전히 습득하려면 우선 철학이 정리되어야 하고, 또 그것을 끝까지 이어가는 집요함도 있어야 한다. 그런데 어떤 사례를 보고 혹해서 그대로 따라하는 리더들은 또 집요함이나 지속성이 없는 경우가 많다.

최근에는 애자일Agile이나 OKR을 도입하는 회사들이 많은데 막상 실제로 적용해보면 다양한 어려움이나 한계를 겪게 된다. 문제는 정해진 방식을 도입하더라도 회사의 일하는 방법과 문화, 의사 결정 방식에 따라서 결과는 달라지기 때문에 첫 해에는 10% 밖에 전진하지 않을 수 있다. 전년도 대비 생산성이 10%만 늘어도 의미가 있는 것인데, 100%가 나오지 않는다고 중간에 멈추고 계속 새로운 것을 찾다 보니 결국 아무리 좋은 시스템도 사장되고 리더십도 무너지는 것이다. 리더가 좋다고 판단한 시스템이 있다면, 한 번에 100%의 결과가 나오지 않더라도 첫 해에 10%, 다음 해에는 30~50%, 그리고 3~5년 후에 100%의 결과를 만들려는 집요함이 필요하다. 이것저것 새로운 것들을 찾아 헤매기보다는 하나라도 성공적으로 도입하여 실행하는 자세를 가져야 한다. 그렇지 않으면 여러 시스템을 오가며 복잡성만 증가하고 신뢰는 붕괴되며, 결과적으로 정착되는 시스템은 하나도 없는 아이러니한 결과에 직면한다.

도구나 시스템을 적용할 때는 단계별로 충분히 준비하고, 조직의 일하는 문화를 고려하고, 직원의 수준에도 맞춰서 적용해야 한다. 물론 파괴적인 혁신도 있을 수 있지만 보다 안정적이고 점진적인 혁신 문화를 만드는 것도 경영자의 중요한 철학이자 조직에 꼭 필요한 성장 요인이다.

일을 잘하려면 잘 줄여야 한다

회사에서 경영자들이 이런 생각을 할 때가 있다. 만약 어항에 물고기가 3마리 있는데 한 마리는 쌩쌩하지만 한 마리는 컨디션이 조금 안 좋고, 또 한 마리는 이미 시들시들한 상태라고 하자. 그러면 그 3마리를 각각 관찰해서 정확히 진단하고 처방하겠다는 것이다. 물론 개별적으로 피드백을 정확히 하겠다는 의도 자체는 좋지만, 그러다 보면 점점 욕심이 생긴다. 직원이 10명 정도라면 각각에 대해 더 깊게 들여다보고 피드백할 수 있을 것이다. 하지만 어항에 물고기가 100마리가 된다면 100마리를 하나하나 파악할 수는 없다. 더 이상 각각의 상태나 컨디션을 알 수 없게 되는 것이다.

그래서 시스템이 필요한데, 이때 시스템은 무조건 많고 복잡한 것이 아니라 오히려 잘 줄이는 것에 포인트를 둬야 한다. 사람의 기억력은 최대 6개 이상을 넘어가면 잘 기억하지 못하기 때문에 뭐든지 1개에서 3개 이내로 줄여서 하는 것이 좋다고 한다. 한 직원에 대해 성과 관리나 평가를 할 수 있는 지표 역시 3개 이내여야 하는데, 대부분의 조직들은 한 명에 대해 3개는 기본이고 10개가 넘는 지표를 두기도 한다. 이렇게 되면 직원 개인이 일을 관리하는 것도 어려워지지만, 리더 입장에서는 그야말로 관리할 수 있는 한계를 훌쩍 넘어서게 된다고 봐야 한다. 직원이 100명이고 한 사람에 대해 욕심을 내어 10개 이상의 지표를 두고 판단한다면 1천 개 이상을 살피고 관리해야 한다는 뜻인데, 당연히 기억도 못 할 것이고 대부분 회사에는 그걸 관리할 만한 시스템도 없다. 그래서 일을 잘하려면 '잘 없애고, 잘 줄여야' 하는 것이다.

많은 회사의 경영 관리 지표들을 보면 부서 단위, 개인 단위로 수가 너무 많은데 체계적인 관리 시스템은 제대로 갖춰져 있지 않다. 이를 정량 지표와 정성 지표, 두 개로 확 줄여서 관리해 보는 것을 추천한다. 보통 정량 지표는 매출액, 이익률과 이익액, 현금 같은 것들이고 나머지를 정성 지표라고 한다. 소상공인 관련 일을 하는 기업의 예를 들어보면, 고객이 만족해서 재방문해야 매출액이 향상한다고 했을 때 고객 만족도와 재방문율도 정성 지표에 해당된다. 이렇게 부서 단위로 정량 지표와 MAU(월간 활성 이용자수) 같은 정성 지표를 2~3개씩만 가져가되, 콜센터 같은 경우는 정량 지표가 필요 없으므로 정성 지표만 관리하면 된다.

물론 대부분의 리더는 한 사람이 5가지, 10가지에 집중하기를 원하지만 사람은 많은 것을 한다고 해서 큰 결과를 얻을 수는 없다. 우리가 좋아하는 사람에게 집중할 때는 다른 건 전혀 신경 쓰이지 않고 오로지 그 사람에게만 신경이 온통 쏠리기 마련이지 않은가. 마찬가지로 잘하는 것에만 집중하면 다른 요소는 따라오게 되어 있다. 이것도 잘하고 저것도 잘한다는 건 진짜로 잘하는 건 하나도 없다는 것과 마찬가지다. 만일 중요한 지표가 10개라고 한다면 그 지표의 가중치 조정도 어렵고, 변별력이 없어진다. 그것은 오히려 정말로 집중해야 하는 우선순위가 없다는 말과 동일하다.

조직이 얻어야 할 정량의 값과 가장 큰 혁신의 지표를 완성하면 다음 해에는 동일한 문제를 가지고 씨름하지 않아도 된다. 대부분의 조직은 지표에 대한 욕심은 많은데 그중 하나도 해결하지 못하다 보니, 그 다음 해에도 동일한 지표를 해결 과제로 넣고 또 새로운 지표까지 추가하며 해결해야 하는 과제만 늘어나게 되는 것이다. 그 해에 반드시 해결해야 하는 문제에 우선 집중하여 해결해야만 다음 해에 그것을 반복하는 시행착오를 겪지 않을 수 있다.

퍼즐 설계, 큰 그림을 그려라

시스템을 만들 때는 그 단계를 크게 3가지로 볼 수 있다. 첫 번째로는 잘하고 있는 것, 보통인 것, 못하고 있는 것에 대해 정확히 진단해야 한다. 다음으로는 원칙과 기준을 세워야 하며, 마지막으로 표준화, 매뉴얼화, 교육 프로그램 등을 통해 내재화하고 인프라 시스템으로 구축되어 완결성을 띄어야 한다.

지금 자신이 속한 조직이 일하는 방식이 어떤지 생각해 보자. 만약 우리가 A라는 앱을 개발한다면 무엇부터 시작해야 할까? 때로는 일이 인과 관계에 따라서 진행되기도 하지만, 어떤 일은 주변 타이밍이나 예산에 의해서 결정이 나기도 한다. 그래서 일이 매끄럽게 연결되지 않고 조각나서 따로 흩어져 있는 경우도 생긴다. 경영에서도 시스템 내에 있는 요소들의 모양이 다 다를 수 있는데, 중요한 것은 그 얼개를 잘 맞추는 것이다. 타이밍이나 상황이 다르더라도, 전체를 볼 수 있는 큰 그림이 있기 때문에 이를 잘 이어 붙이게 되면 하나의 퍼즐이 정확한 모습으로 나오게 된다.

경영 도구나 시스템도 전체 관점에서 큰 그림을 가지고 있어야 한다. 그래야 우선순위에 맞춰서 하나하나 실행하더라도 각각이 별개로 흩어지지 않을 수 있다. 설령 동시다발적으로 진행하지는 못하더라도 전체 퍼즐의 모양은 설계되어 있어야 한다는 것이다.

퍼즐식 설계

고객 관점에서의 최단 거리와 속도

'파킨슨의 법칙'이라는 이론이 있다. 이는 영국의 역사학자이자 경제학자인 파킨슨$^{C.N.Parkinson}$이 1955년에 발표한 사회생태학적 법칙으로, 구체적으로는 부하배증의 법칙과 업무배증의 법칙으로 구성되어 있다. 각국의 공무원 수 증가 현상에 관하여 '왜 관사의 수가 많은가? 왜 회의의 운영은 원활하지 못한가?' 등을 수학적인 방법을 동원, 사회 현상을 풍자적으로 분석해 발표한 것이다.

이 이론에는 인간은 조직을 위해서가 아니라 자신을 위해 사람을 늘리고, 그 늘어난 조직은 조직을 위한 일을 만들어내며, 자신들의 자리 보전을 위해 규제를 만든다는 내용이 담겨 있다. 일반적인 조직에는 파킨슨의 사회 법칙이 적용되고 있는 경우가 많다. 기업에서 고객과 일을 할 때도 고객의 관점보다는 자신들의 편의를 위해 프로세스와 규제를 만든다. 그러나 고객 관점에서 바라보면 그러한 프로세스는 아무런 의미가 없다. 고객은 결국 고객의 관점에서 봤을 때 최단 속도와 최단 거리를 완성한 기업들을 선호하고, 선택하게 된다.

고객 관점에서 최단 거리를 실행하기 위한 방법으로 몇 가지의 기법들을 꼽을 수 있다. 첫째는 리엔지니어링(BPR, Business Process Reengineering)이다. 리엔지니어링이란 비용, 품질, 속도 등 기업의 핵심 성과를 향상시키기 위하여 기존의 낡은 업무 프로세스를 버리고 새롭게 탈바꿈하여 고객에게 가치를 전달하는 경영 혁신 기법을 말한다. 리엔지니어링이 필요한 이유는 업무 프로세스의 최적화를 통해 속도와 효율성을 극대화할 수 있기 때문이고, 또한 일부 분야의 부분적인 개선만으로는 비즈니스 문제를 해결할 수 없기 때문이다. 정보기술은 낡은 규칙을 깨고 새로운 프로세스 모델을 창조할 수 있도록 도와주는 리엔지니어링의 핵심 요소다.

정보 기술을 활용한 리엔지니어링을 자동화와 혼동하는 경우가 있는데, 이는 전혀 다른 개념이다. 예를 들어 IBM 컴퓨터를 구입하기 위한 고객의 할부 신청을 처리해야 한다고 하자. 이는 고객에게 전화 응답을 하는 부서, 신용 담당 부서, 운영 부서, 이윤 책정 담당자, 사무 직원 등 5개 부서를 경유하는 프로세스로 진행된다. 자동화의 경우는 각 단계를 컴퓨터로 연결할 뿐이기 때문에, 처리 속도가 10% 안팎으로 개선될 수는 있겠지만 큰 변화는 없을 것이다. 하지만 리엔지니어링의 경우는 이 5개 부서를 경유하는 프로세스를 모두 통합하여 한 명의 전담자가 일괄 진행하는 시스템으로 개선하는 것이다. 분업화되었던 업무와 조직을 통합하여 의사 결정 단계와 인계 절차 시간을 줄임으로써 처리 속도를 일주일에서 하루까지 단축할 수 있고, 그만큼 생산성은 어마어마하게 증가한다.

리엔지니어링을 효과적으로 진행하기 위해서는 대상 프로세스 선정→리엔지니어링팀 구성→기존 프로세스 이해→프로세스 재설계의 과정을 거쳐야 할 것이다.

둘째로는 동시공학이 필요하다. 이는 우리가 기존에 일하던 방식인 이전 단계가 완료되어야 다음 단계를 시작할 수 있던 순차공학Sequential Engineering의 문제점을 극복하기 위한 접근 방법으로, 병렬식으로 동시에 진행하여 작업시간을 단축할 수 있는 방법이다. 우리가 시험 공부를 한다면, 한 과목을 다 끝내고 다음 과목으로 넘어가는 것이 좋을까? 아니면 하루에 여러 과목을 조금씩 공부하며 전체적으로 속도와 균형을 맞추는 것이 좋을까? 사람마다 스타일이 다르기는 하겠지만, 조금씩 여러 과목을 공부하는 것이 주어진 날짜 내에 평균 점수를 높이는 데 더 효과적인 경우가 많다.

플랜 A-B-C가 있을 때 A가 완성된 후 B를 시작하는 직렬적 사고는 다품종 소량 생산을 기반으로 할 미래사회에서는 엄청난 장애가 될 수 있다. 반면 필요한 부분을 동시에 병렬적으로 진행하는 동시공학은 관련된 전 분야, 즉 제조업이라면 영업, 마케팅, 설계, 구매, 생산, 품질 관리 등 모든 부문의 사람들이 함께 일할 수 있도록 하는 통합된 환경을 말한다. 다품종 소량 생산 시대에는 고객의 다양한 필요에 맞추어 적시에 제품 또는 서비스를 내놓아야 하기 때문에, 이에 빠르게 발맞추기 위해서는 동시공학을 구현하는 것이 중요한 핵심 키가 될 수 있다.

셋째로, 부분 최적화가 아니라 전체 최적화를 해야 한다. 사람들은 일을 할 때 기본적으로 자신이 일하는 조직에 중심을 두고 사고하는 경향이 크다. 회사 내 연구 개발, 생산, 영업, 물류 등의 모든 부서가 고객 관점에서 최적화를 고민하기보다는 각 조직 중심으로 사고하고 자기 조직만 잘 되면 된다는 식으로 개별적인 관점에서 일을 하는 것이다. 즉, 혁신에 가장 큰 걸림돌이 되는 것이 이러한 부분 최적화다.

부분 최적화는 조직 이기주의를 심화시키고, 각 조직 내의 소통과 협업에 어려움을 초래하게 되어 기업의 전체 성과 측면에서는 엄청난 손실을 가져오게 된다. 이를 해결하기 위해서는 목표를 공유하고 긴밀하게 협조하는 체계를 만들어야 한다. 즉 고객이 선호할 상품, 콘텐츠, 서비스를 만들기 위해 조직의 헤게모니(Hegemony, 주도권) 관점이 아닌 고객 관점에서 전체를 통폐합하여 고객에게 필요하지 않는 프로세스, 조직, 규칙 등을 뜯어고치는 것이다. 특정 부분의 집중적인 개선보다는 항상 전체를 고려하는 자세가 필요하다.

전략적인 사고를 위한 도구의 사용

만약 건물 청소를 한다면 다양한 청소 도구가 필요할 것이다. 사무실, 계단, 화장실마다 각각 적합한 청소 도구가 필요하기 때문에 이를 하나의 카트에 담아서 정리하고 꺼내어 사용하는 것이 효율적이다. 마찬가지로 일의 생산성을 올릴 때는 일을 편하게 할 수 있는 도구가 많이 필요하다. 좋은 도구는 고객 관점에서도 사용자의 편의성을 높여주는 수단이다. 만약 새로운 직원이 기존 파트에 들어와서 일을 맡는다고 해도 정리된 매뉴얼과 공통의 도구가 있다면 많은 시간을 단축할 수 있게 된다. 도구를 사용해 어떤 일에 대한 근본적 원인[Root cause]을 찾고, 프로젝트를 통해 해결해 나가는 것이다.

만약 조직원들이 모여 앉아서 막연하게 아이디어나 의견만 생각나는 대로 제시한다면 그것이 하나의 프로젝트로 이어지기는 어려울 것이다. 하지만 도구가 있으면 보이지 않던 것이 보이고, 그것을 실제 프로젝트에 적용하면 좀 더 쉽게 성과로 이어질 수 있다. 그래서 전략적인 사고를 잘하는 사람들은 대부분 자신의 도구나 시스템을 갖추고 있다. 새로운 것을 만드는 게 아니라 기존에 있는 도구나 시스템을 잘 조합하여 자신의 상황에 맞게 최적화시켜 사용하는 것이다.

특히 예전에는 마치 제갈공명처럼 팀에서 머리가 좋은 사람이 전략을 착착 짜면 그에 따라 움직이는 식으로 문제를 해결하기도 했지만, 이제는 팀의 성과를 위해서는 각자의 역할에 합을 맞추어 움직여야 한다. 그리고 이를 위해서는 팀이 공통적으로 인식할 수 있는 도구와 시스템이 표준화되어 있는 것이 좋다. 하다못해 회의를 하더라도 서로 동일한 언어와 용어를 쓰는 것이 소통이 잘 되는 것과 마찬가지다. 다만 전략적 사고를 위한 도구를 사용할 때는 우선 문제에 대한 논리적인 접근과 정확한 분석이 전제되어야 한다. 문제가 발생한 배경, 쟁점이 되는 핵심 이슈, 전략 목표와 성공 기준, 그리고 제약 조건 등을 명확히 파악한다. 다음은 이에 대해 객관적인 관점을 갖기 위해서 이슈를 분석하고 가설을 수립하며 자료를 수집해야 한다. 이러한 분석 과정은 반드시 현장 방문과 측정을 통한 정확한 검증이 필요하다. 그 이후 이러한 분석을 바탕으로 논리가 비약되지는 않았는지, 이슈가 중복되거나 누락되지 않았는지 문제를 객관적으로 정리해야 한다.

프로젝트 실행 시 체크 리스트와 목표 설정

프로젝트란 단기간에 목표를 세워 조직을 구성하고 성과를 내는 것이다. 프로젝트의 종류나 형태는 다양하다. 어떠한 목표가 있을 때 생각나는 대로, 닥치는 대로 그때그때 움직인다면 효과적인 경로로 목표를 달성하기는 어려울 것이다. 그래서 프로젝트를 실행할 때에는 정확한 단계별로 문제를 정의하고 목표를 향한 단계를 구성하여 결과를 만들어가야 한다.

풀어야 하는 메인 이슈	해결해야 할 문제가 무엇인가?
의사 결정권자와 이해 당사자	누구에게 보고하는 것인가? 이 프로젝트의 결과에 영향을 받는 사람은 누구인가?
제약 요건	예상되는 제약 요건은 무엇인가?
프로젝트 기간과 스케줄	언제까지 답을 제시해야 하나?
성공 여부를 판가름하는 기준	의사 결정권자는 어떤 기준으로 문제 해결을 판정할까? 의사 결정권자가 관심 있는 사항은?
핵심 측정 지표	성공 여부를 결정하는 측정 지표는?
해결 방안의 범위	프로젝트의 범위에서 배제되어야 하거나 혹은 반드시 포함되어야 하는 사항은?

문제 기술서 Q&A

우선 프로젝트마다 문제 기술서를 먼저 작성해보기를 권한다. 이를 통해 풀어야 하는 문제를 명확히 정의하고 팀원들과 공유할 수 있다. 문제 기술서는 질문을 던지고 그 답을 채워 나가는 것이 좋다.

나는 최근 건강 관리 프로젝트에 돌입했다. 지난여름, 결국 코로나를 빗겨 가지 못했다. 원래 그전까지도 당뇨 관리를 했어야 하는데 귀찮은 마음에 손을 놓고 있다가, 코로나까지 더해지니 완전히 건강에 적신호가 켜졌다. 기운이 하나도 없어 병원에 갔더니 몸 상태가 거의 좀비 수준이라는 것이다. 일반인의 신경 활성도가 평균적으로 1500 정도라는데, 나는 31이 나왔다. 혈당도 350이 넘으면 위험한 수준이라는데, 700이 넘었다. 이대로면 정말 몇 달 후에는 응급실에 실려가도 이상하지 않다는 의사의 말에 정신이 번쩍 들었다. 지금까지 우선순위에서 밀려나 있던 건강 문제를 더 이상 미룰 수가 없게 된 것이다.

병원에서 나오는 길에 즉시 건강 문제를 나의 우선순위 프로젝트로 삼기로 했다. 일을 할 때와 마찬가지로 당뇨병 관리를 프로젝트로 전환하여 빠른 시간 내에 좋은 결과를 얻을 수 있었다. 우선 이 프로젝트의 목표 달성을 위한 구체적인 항목을 정리했다.

1. 먹는 것 (주식) – 종류, 방법, 시간(주기)

먹는 것 (서브 - 보조식품)

2. 운동

3. 수면과 스트레스 관리

4. 치료 (병원)

치료 (투약)

치료 (인슐린)

그리고 이를 '내가 할 수 있는 것', '전문가의 도움을 받아야 하는 것', '강제로 해야 할 것'의 3가지 카테고리로 나누었다. 식이나 수면 습관 등의 관리는 스스로 할 수 있지만 운동은 잘 모르기 때문에 전문가의 도움을 받아야 하고, 평소 관리한 내역을 정리하여 병원에 보고하는 것은 필수로 해야 하는 항목이었다. 올해 말까지 인슐린을 점차적으로 낮추고 내년에는 아예 끊는 것을 목표로 하기 때문에 일, 주, 월, 분기 단위로 꾸준히 트래킹하는 것이 중요했다. 당뇨를 15년이나 겪었기 때문에 회복이 쉽지 않을 것이라고 예상했지만, 식이부터 운동까지 생활 습관을 처음부터 다 뜯어고치면서 놀랍게도 정상인 대비 70%까지도 수치가 잡히기 시작했다.

일에서 어떤 프로젝트를 실행한다는 것도 이처럼 정확한 목표를 설정하고, 그에 따른 실행 항목을 정리하며 꾸준히 체크하여 결과에 도달하는 과정이다. 조직에서 프로젝트를 실행할 땐 우선 실행 전 단계에서 그 일에 대한 당위성을 정확하게 공유하는 것이 우선이다. 조직 프로젝트가 잘 이루어지지 않는 이유는 여러 가지가 있지만, 그 일을 왜 해야 하는지 모를 때 가장 많이 헤매게 된다. 그래서 리더는 그 일을 하는 당위성을 전달하고 설득하여 모두가 하나로 움직일 수 있도록 해야 한다. 또 실행을 위한 구체적인 목표와 체크 리스트를 설정해야 한다. 다만 내가 잘할 수 있는 것과 도움을 받아야 하는 항목을 구분한 것처럼, 실행하는 과정에서는 내부의 역량으로 할 수 있는 일과 외부의 도움을 받아야 하는 일을 구분하여 관리할 필요도 있다. 그리고 관리 범위에 넣은 항목들에 대해서는 꾸준히 측정하고 트래킹한다. 그래야 잘못된 것이 있다면 고쳐 나가고, 결과를 바꿔낼 수 있기 때문이다. 이러한 피드백을 거쳐서 최종적으로는 지속 가능한 구조를 만들어내는 것이 중요하다.

궁극적으로 시스템이 바꾸는 것

내가 사업부에 처음 취임했을 때, 회사에 M&A(merger & acquisition, 인수 합병)가 많은 구조였다. M&A가 많으면 회사마다 체계도 다르고 시스템이나 제도도 다르기 마련이다. 그런데 그룹 본사에서 그것을 통합하지 않고 있었다. 시스템이 다양하기 때문에 실수도 많아질 수밖에 없다. 실제로 우리 조직에 제대로 된 시스템이 없어 직원들의 수작업이 많아 자정 가까이 되어야 퇴근하기 일쑤고, 직원들의 택시비도 한 달에 수천만 원씩 들었다. 일에 실수를 줄이고 퇴근 시간도 정상적으로 당기기 위해서는 시스템의 도입이 필요했다. 그중 월마트나 까르푸, 테스코 같은 회사를 분석하고 그룹 본사에 복귀하면서 깨달은 것은 '기준 원칙, 표준화된 도구, 시스템'이 일의 핵심이라는 점이다.

시스템의 중요성을 직원들에게 말했지만 모두 막막해 했다. 지금도 일이 벅차고 힘든데 고쳐야 하는 게 너무 많아 하루 이틀 만에 되는 게 아니기 때문이었다. 하지만 단계적으로 꼭 변화해야 하는 부분이기 때문에 리더와 직원들을 1년 넘게 꾸준히 설득했다. 제일 중요한 것이 '이것을 왜 해야 하는가'에 대한 공감대 형성이었다. 이유는 명확했다. 첫째, 실수를 줄이기 위해서다. 실수를 하게 되면 페널티를 받게 되니 그런 위험을 없애는 것도 리더에게는 장기적으로 필요한 일이었다. 둘째, 제때 퇴근하기 위해서다. 최종 목표는 그룹사에서 가장 빨리 퇴근하는 조직으로 만드는 것으로 삼았다.

나의 메시지를 조직원들에게 납득시키기 위해 어마어마한 노력이 필요했다. 100번 이야기해서 한 명이 이해하더라도, 목표를 외면하지 않고 달성하는 게 리더의 역할이기 때문에 계속해서 공감대를 형성하고 설득을 시도할 수밖에 없었다. 그렇게 1년을 설득한 끝에 이후 3년에 걸쳐 윗선에서부터 하나하나 시스템을 만들어 적용하기 시작했다. 그 결과 2017년 즈음 일부 조직은 정시에 퇴근하거나 필요할 경우 6시 이전에 퇴근할 수 있게 되었다. 시스템이 갖춰지니 유연하고 탄력적인 운영도 가능했다. 직원들에게도 약속한 결과를 보여줄 수 있었던 셈이다.

사실 조직 내 여러 시스템을 도입하려고 직원들을 설득하는 과정에서, 새로운 시스템에 적용하는 어려움은 둘째 치고 변화 자체에 대해 우려하는 목소리들도 많았다. 예를 들어 RPA^{Robotic Process Automation} 같은 자동화 시스템을 도입할 경우 일의 생산성을 높이는 것이 아니라 오히려 직원들의 일자리를 빼앗는 결과를 낳을까 봐 불안해하는 것이다. 물론 로봇을 도입해 자동화시키는 시스템이 갖춰진다면 하나의 시스템이 수십 명의 일을 대체할 수 있으니 그 일을 하는 직원이 줄어들 것이다. 하지만 이것은 직원을 줄이겠다는 게 아니라, 기존에 하고 있던 '저부가가치'의 일을 '중, 고부가가치'로 일의 역할을 스위칭하면 직원들이 가치있는 일을 할 수 있는 것이다.

기존에 있는 시스템을 오퍼레이션하는 일은 단순 반복 작업을 하는 것이다. 그런데 그러한 작업을 시스템으로 더 효율적으로 처리할 수 있게 되면, 이제 우리가 가지고 있는 데이터를 바탕으로 어떻게 하면 경영에 도움이 되며 생산성이 올릴 수 있는지 다음 차원의 고민을 할 수 있게 된다. 중, 고부가가치를 다룰 수 있게 되므로 직원들도 나이가 들수록 오히려 더욱 가치 있게 일할 수 있게 되는 것이다.

물론 자동화 시스템을 잘못 도입하면 직원들을 자르는 수단으로만 여겨질 수 있는데, 그러면 오히려 갈등이 생기고 생산성이 저하된다. 그래서 리더가 어떤 철학을 가지고 있느냐에 따라 시스템의 활용 결과도 달라질 수 있다. 새로운 시스템의 도입 방향은 철저하게 직원을 성장시키고 고부가가치를 창출하여 직원에게도 회사에게도 좋은 결과를 낳을 수 있는, 서로에게 득이 되는 수단이어야 한다.

4.
일의 균형을 위해
관리하라

일의 사각지대 없애기

일에는 항상 보이는 면과 보이지 않는 면, 그리고 내가 알고 있는 것과 모르는 것이 공존한다. 그래서 그 각각의 영역을 어떻게 찾고 파악할 수 있는지가 중요하다. 그걸 정확히 알아야 기회를 찾아낼 수 있는 것은 물론이고, 위험을 분산시키거나 제거할 수도 있다. 즉 보이는 면과 알고 있는 것을 잘 활용하는 동시에 보이지 않는 면과 모르는 것을 끊임없이 학습하고 준비해야 통합적이고 균형적인 관리가 가능하다.

만약 내가 건물을 짓고 관리한다면 어떤 일을 해야 할까. 당장 눈에 보이는 외관이나 내부 청소와 멋진 조명, 인테리어를 관리하는 것도 중요하겠지만 보이지 않는 곳에서 이루어지는 설비와 안전 관리가 병행되어야 할 것이다. 우리는 건물의 보이는 부분만 사용하고 있지만, 그 안에 있는 설비, 전기, 기계 등의 인프라가 존재해야 사실상 건물이 위험 요소 없이 안전하게 관리된다고 볼 수 있는 것이다. 하다못해 승강기가 있는 건물이라면 반기, 연기, 생애 주기 관점으로 평상시에 장비 이력을 관리해야 하는 부분이 있을 것이다. 설치 직후에 검사를 하고, 수시로 제어반이나 구동기를 관리하고, 또 결함이 발생하면 그 직후에 정밀 안전검사를 실시해야 한다. 내부 점검뿐 아니라 외부 점검도 지속적으로 병행되어야 한다. 그런데 많은 기업에서 보이지 않는 면에 대해 고려하지 않고 소홀히 여긴다. 특히 설비나 관리 시스템에 들어가는 비용을 아끼려고 하는 경우가 많다. 당장 내가 관리할 때 사고가 생기지 않으면 된다는 안전 불감증적인 생각을 갖기도 한다.

이로 인해 실제로 문제가 발생하는 사례도 적지 않다. 예로 지난 2013년에는 울산에서 물탱크 붕괴 사고로 3명이 숨지고 12명이 다치는 큰 인명 피해가 발생했다. 알고 보니 비용이 높은 고장력 볼트 대신에 중국에서 수입한 부적격 볼트를 사용한 탓이었다. 물탱크는 엄청난 수압을 견딜 수 있는 강도를 갖춘 철판과 볼트가 필요한데, 기준이 되는 강도의 절반에도 미치지 못하는 볼트를 사용하여 결국 장비가 압력을 못 견디고 터지게 된 것이다.

고장력 볼트의 단가는 약 550원, 기준에 미치지 못하는 중국산 볼트의 단가는 약 260원이었다고 한다. 저렴한 일반 볼트로 비용을 아끼다가 사람의 생명까지 앗아가는 심각한 상황으로 이어진 셈이다.

안전이란 시계의 부품처럼 보이지 않지만 제대로 된 기능을 유지하기 위해서 꼭 필요한 영역이다. 하지만 대부분의 조직에서는 안전에 대한 경영자들의 인식관이 부족하고, 재임 기간 동안 안전에 대한 투자는 없이 사고만 나지 않으면 된다는 안일한 생각이 강하다. 안전을 위한 투자를 단순히 비용에만 초점을 맞춰 바라보니 안전 사고가 끊임없이 발생하게 되는 것이다. 그래서 당장 눈에 보이지 않더라도 안전과 관련된 문제에 대해서는 절대 비용으로 환산해서 생각해서는 안 된다. 특히나 사고가 생긴 뒤에도 형식적인 이벤트 식으로만 수습하다 보면 비슷한 사고가 또 반복될 수 있다.

그래서 평상시에 보이는 면뿐 아니라 보이지 않는 면에 대해서도 동일한 관점으로 체계적인 관리가 이루어져야 한다. 당장의 비용이 아니라 라이프 사이클 코스트^{Life cycle cost}, 즉 생애 주기 비용 관점으로 관리할 필요도 있다. 이를테면 건축을 할 때 건축 자체에 들어가는 비용이 100억이라면, 생애 주기 관점으로 20년 후를 내다보면 관리비가 건축비의 5배, 10배 이상 들어갈 수 있다. 보통 건물을 지어 철거하기까지 들어가는 생애 주기 비용을 100%으로 하면, 건설비인 이니셜코스(초기 비용)가 26%, 나머지 74%는 보전, 수선, 광열, 보험, 세금, 해체 등이 포함된 러닝코스트(유지비)이다. 아직도 밤 10시쯤 관리자가 일일이 건물을 돌아다니며 불이 꺼졌는지 확인하는 식으로 관리되는 건물이 많다. 설계 단계에서부터 자동, 반자동, 센서 등의 설비를 적절히 배치하면 효율적일 뿐 아니라 건물 관리 비용이 그만큼 줄어든다. 그래서 처음부터 낭비되는 부분이 없도록 비용을 들여서 잘 설계하는 것이 오히려 결국에는 비용을 아끼는 일이 된다.

또한 눈앞에 있는 일만 해결하는 것이 아니라, 일의 흐름을 전체적인 관점에서 고려하는 시각도 중요하다. 이를테면 유통의 경우, 상품 흐름을 전체 관점에서 시스템 엔지니어링 해야 부분 최적화가 아닌 전체 최적화를 실현하며 사각지대를 줄일 수 있다. 이 경우 유통 기업에서 전체 구조를 설계하고 개선해야 하는 부분이기 때문에 고위 임원들의 역할이 더욱 중요하다.

예를 들어 더운 여름날 산지에서 출발한 수박이 유통 점포에 입고를 하는 전 과정에서 이를 최적화시킬 수 있는 디테일까지 알아야 전체 설계가 가능할 것이다. 콜드체인 방식으로 운반된 수박이 점포에 도착했을 때 입고장에서 뜨거운 햇빛을 받아 30분 이상 방치되면 상품 선도에 문제가 발생한다. 수박이 도착하면 바로 냉장 시설에 몇 분 만에 입고가 되어야 하는지까지도 기준으로 정리되어 있어야 한다. 그래서 이런 디테일까지 잡아낼 수 있는 제너럴 스페셜리스트가 필요한 것이다.

비상 대응 매뉴얼 구비

사고는 항상 예기치 못한 순간에 발생한다. 지금 평온하다고 해도 언제나 그러리라는 보장은 없다. 더구나 인력으로는 어찌할 수 없는 자연 재해가 닥치는 경우도 있다. 따라서 미리 기준과 원칙을 만들어 당황하지 않고 대비할 수 있는 시스템을 반드시 준비해 두어야 한다. 기업에서는 본사에서 작성한 비상 상황 관리를 위한 표준 매뉴얼이 기본으로 있어야 하며, 각 지점이나 현장에서 상황에 맞게 대응할 수 있는 매뉴얼도 갖춰두어야 그에 따라 침착하게 위기 관리를 해나갈 수 있다.

만약 풍수해, 대설, 한파, 화재 등의 자연재해를 대비하는 상황을 예로 든다면, 실제 그 상황에 닥치기 전부터 예방을 위한 리스크 분석과 모의 훈련을 통해 실제 상황 시에도 작동될 수 있도록 대비하는 것이 중요하다. 실제 재해가 발생했을 때는 긴급 대응할 수 있는 매뉴얼, 또 상황 종료 후에는 복구를 위한 매뉴얼이 순차적으로 발동되어야 한다. 이를 위해서는 대규모 자연재해 징

후가 포착되었을 때 위기 관리 TFT를 구성하여 컨트롤 타워를 중심으로 발빠른 대처가 이루어져야 한다. 피해 규모를 분석하고 상황을 전파하며, 유관 부서와 협의를 통해 긴급 의사 결정을 하고, 실시간 모니터링을 바탕으로 피해 사항을 파악하여 대응하는 역할을 수행해야 할 것이다.

안전 관리는 리스크 관리의 일환이자 기업이 지속 가능한 경영을 하는 데 있어서도 필수 요소다. 그래서 우선 경영자들의 올바른 인식이 필요하며, 현장에서 일하는 직원들의 인식 역시 중요하다. 다음으로 안전을 위한 시설 투자와 시스템 구축이 선행되어야 한다. 먼저 안전에 대한 기준과 원칙의 확립, 운영을 위한 매뉴얼 정리와 프로시저의 확립이 필요하다. 안전을 위한 도구, 장치, 시스템의 구축도 중요한 요소다. 안전을 위한 내외부 전문가 집단의 끊임없는 점검과 모니터링, 사고를 예측하고 통제할 수 있는 컨트롤 타워 구성과 관제 시스템의 설치, 전문 인력들을 통한 통합 상황실의 운영 정책도 구축되어야 한다. 또 주요 직책자들에게 실시간 전파되는 알람 시스템도 중요하다. 그리고 관련된 내외부의 조직이 안전관리를 하는 데 시너지를 가지고 통합적으로 일할 수 있는 문화를 만들어야 한다.

또한, 주요 사고에 대한 컨틴전시 프로그램의 운영 및 안전에 대한 현장에서의 실제적인 기준 준수와 주기적인 교육과 훈련이

선행될 때 사고를 최소화할 수 있다. 사고 발생 시의 행동지침과 관리방안도 구체적으로 정리되어 있어야 하고, 사고를 수습하는 절차와 피해자에 대한 지원과 보상에 대한 기준 역시 명확해야 할 것이다.

작년에 발생한 SNS 서버 센터 화재도 마찬가지로 안전에 대한 경각심을 다시 한번 지적하지 않을 수 없는 사고였다. 당시 서비스의 모든 기능이 마비된 지 5시간 이상이 경과될 때까지 복구에 대한 어떠한 소식도 전해지지 않았다. 우리나라에서 초대형 사고가 발생했다는 것도 문제지만, 적절한 위기 대응 매뉴얼이 마련되어 있지 않은 듯하여 더욱 아쉬웠다. 성과만큼 중요한 것이 리스크 관리이며, 보이지 않는 하드웨어나 인프라 관리를 위해서도 충분한 자원과 인력 투자가 필요하다. 당시 최소한 아래와 같은 대응책이 필요했다고 본다.

1. 데이터와 운영 서버를 최소 두 곳 이상 분산하는 이중화를 해야 한다.
2. 소프트웨어 외에 하드웨어에 대한 위기대응 컨틴전시가 반드시 있어야 한다.
3. 사고대응 전담팀을 평시에 운용하고, 시뮬레이션과 실습을 주기적으로 해야 한다.
4. 사고 발생 시 모든 언론사에 사고를 신속하게 전파하고, 어

떻게 대응하고 있는지 명확하게 안내해야 한다.

5. 사고를 수습하고 대표는 공식적으로 고객들에게 진정성을 가지고 사과 후 적절한 보상을 해야 한다.

6. 이번 사고를 기회삼아 기존 방식에 대해 리뷰하고, 최고로 잘 운영하는 곳에 대해 리버스 엔지니어링(RE)해야 한다.

평시에 이와 같이 리스크 관리를 하지 않으면 긴박한 상황에서 고스란히 피해로 이어진다. 예측할 수 있다면 이후에 대처하는 것이 아니라 당연히 그에 따른 대비를 미리 해두어야 한다. 태풍 때문에 간판이 떨어질 수 있다든가, 유리창이 깨질 수 있다든가 하는 상황을 사전에 분석해서 피해를 최소화하는 준비가 필요한 것이다.

수시로 훈련하고 대비해야 한다

어느 스키장 리프트에 문제가 발생한 사건이 있었다. 리프트가 갑자기 역주행했는데 스키장 측에 이런 상황에서 어떻게 대처해야 하는지에 대한 매뉴얼이 없어 우왕좌왕하다 난리가 난 것이다. 기존에 사고를 방지하거나 대처하는 안전관리 시스템이 준비되어 있지 않아서 발생한 일이다.

기업에서도 보통 혁신 문화가 50% 비율로 다뤄진다면 리스크 관리가 나머지 50%라고 볼 수 있는데, 수많은 기업이 혁신을 외치는 것과는 상반되게 사실상 리스크 관리는 거의 0%에 수렴하는 곳들이 많다. 화재 훈련을 1년에 한 번조차 하지 않는 곳들도 있을 것이다. 안전에 대한 시스템을 갖추고 있다면 예기치 못한 사고가 발생했을 때 그 위험을 최소한으로 줄일 수 있다. 기준과 원칙에 입각한 매뉴얼을 갖추고, 관리자가 상주하고, 또 주기적으로 외부의 점검을 받는 등 평상시에 충분한 준비와 대비가 필요하다. 또한 이러한 시스템이 있다고 한들 위기 상황에서는 누구나 당황할 수 있기 때문에, 수시로 실질적인 훈련을 진행해서 익혀두는 것도 중요한 부분이다.

2001년 9.11테러 상황에서 3천여 명의 목숨을 구한 릭 레스콜라Rick Rescorla의 사례가 대표적이다. 그는 당시 모건스탠리 보안 책임자로, 근무하던 8년여간 3개월마다 사고 대비 교육을 진행했다. 그는 1988년 팬암 항공기 폭파 테러, 1993년 WTC 폭탄 테러를 지켜보면서 자신이 근무하는 세계무역센터가 미국을 상징하는 건물인 만큼, 또다른 테러 위협이 있을 수 있다고 생각했다. 모건스탠리의 일반 직원부터 수뇌부까지 훈련 대상은 직급을 가리지 않았고, 일부 임직원의 불만에도 불구하고 그는 우직하게 재난 대비 훈련을 진행했다. 이후 9.11테러가 일어났을 때 당시 건물에 있던 2천 700명의 모건스탠리 직원과 고객 중 2천 687명의 목숨을 구했다. 하지만 릭 레스콜라는 더 많은 사람들을 구하기 위해 다시 빌딩에 들어간 모습을 마지막으로, 더이상 만날 수 없었다.

그는 평상시 비상대비 훈련의 중요성을 매우 강조했다. 다들 귀찮게 생각하고 누구도 원치 않았는데도 고집스럽게 훈련을 진행해 왔다. 그런데 아무도 예상치 못한 테러가 발생하자 그가 구축한 실행 매뉴얼, 그리고 훈련 덕분에 사람들이 무사히 대피할 수 있었다. 결론적으로 평소 얼마나 기본에 충실하게 훈련을 받았는지가 사고 발생 시 생존율을 높이는 가장 중요한 요인임을 알 수 있다. 막상 사고가 나면 훨씬 많은 비용으로 이를 수습하게 될 뿐만 아니라 돌이킬 수 없는 인명 사고까지 발생할 수 있다. 리스크는 발생하기 전, 비용이 들더라도 사전에 대비하는 것이 언제나 가장 경제적이며 효과적이다.

고객 접점에서 리스크를 없애는 법

기업에서 발생하게 되는 가장 흔한 리스크는 고객과의 접점에서 생긴다. 사이트나 콜센터 등을 통한 대응 매뉴얼을 정리하는 것이 리스크 대비의 가장 기본이다. 특히 고객 접점에서는 첫 대응에 따라 그다음 행보가 달라지므로 첫 대응이 매우 중요하다.

예를 들어 1년에 한 번 정도 클레임이 들어오는 성형외과가 있다고 하자. 꼭 의사의 잘못이 없더라도 의사와 환자의 입장 차이가 발생할 수 있는 부분이 있을 것이다. 여기서 클레임이 들어왔을 때, 제일 좋은 건 수술을 한 의사가 직접 듣고 대응하는 것이다. 그런데 보통 직접 대응하지 않고 상황에 대해 정확히 알지 못하는 상담 파트에서 응대를 한다. 그렇게 되면 정확한 상담이 이루어지지 않으면서 감정이 상하고 자칫 소송까지 가는 경우도 생긴다. 의사 관점에서 잘 된 수술이라고 해도, 환자 관점에서 불만이 있다면 재수술을 하여 심플하게 해결이 가능한 사안인데 어설프게 대응하다가 감정 문제가 불거지는 것이다. 극단적으로는 환자가 병원을 상대로 법적인 소송을 하기도 하고, 감정적인 대립이 폭력 사태로 번지는 경우도 있다. 따라서 늘 고객과의 접점에서는 문제가 발생할 수 있기 때문에 정확한 대응 매뉴얼이 있어야 한다.

좋은 사례로 일본의 디즈니랜드에서는 즉각적인 고객 응대 시스템을 뽑을 수 있다. 만약 디즈니랜드에 놀러온 연인이 사진을 찍고 싶어 누군가 촬영해줄 사람을 찾는다면 누가 해결해야 할까? 디즈니랜드에서는 '가장 가까이 있는 직원'이 고객의 니즈에 대응한다. 직급이나 자신의 업무와 상관없이 고객의 불편을 가장 빠르게 해결해줄 수 있는 사람이 고객을 응대하는 것이다.

이처럼 고객이 원하는 것을 빠르게 파악하고 대응하는 것이 고객 접점에서의 리스크를 최소화할 수 있는 가장 좋은 방법이다. 외국의 한 가수는 부인을 위해 계속 노래를 만들어 발표했다. 하지만 막상 부인이 원하는 것은 노래가 아니라 그가 곁에 있어 주는 것이었다. 그의 노래가 부인이 원하는 사랑을 충족시켜 줄 수 있었을까? 그렇지 못했기에 결국은 이혼에 이르게 되었다. 부부 사이에서도 상대방이 원하는 것을 원하는 방식대로 표현해 주는 것이 사랑이고, 그것이 기업에서의 고객 관점이다. 리스크를 대비하는 차원에서도 이러한 고객 관점의 문화를 만들어야 한다.

3장

인재가
경영의
미래다

보스와 리더는 다르다

보스와 리더의 차이는 간단하다. 비즈니스를 팀이 함께 마차를 끄는 것이라고 한다면, 보스는 그 마차 위에 올라앉아 있는 사람이다. 그렇다면 리더는 어디에 있을까? 마차를 끄는 직원, 그중에서도 가장 앞에 나서서 제일 힘이 많이 드는 일을 하는 사람이 바로 리더다. 좋은 리더는 직원들 뒤로 물러나 있거나 그들이 끄는 마차 위에 올라앉는 것이 아니라, 가장 앞장서서 일하고 또한 그들을 위해 싸우는 사람이어야 한다.

리더십의 정의를 보면 다음과 같다. 'The capacity of someone to lead', 즉 누군가를 이끌어갈 수 있는 능력을 말한다. 그리고 리더십은 'Leader'와 'Ship'을 결합한 단어다. 즉 리더는 배를 목적지로 이끄는 것과 같은 선장으로서의 역량이 필요하다는 것이다. 선장은 바다에서 배를 이끌어 최종적으로 목적지에 도달해야 한다는 목표를 가지고 있는 사람이다. 그리고 배를 목적지에 도착하게 해야 하는 것처럼 어떤 성과를 낼 때 리더십이 발생하게 된다.

만일 항해를 하다가 바다에서 심각한 태풍을 만난다면 어떤 상황이 펼쳐질까? 일단 선장은 자신의 판단에 따라 선원들이 일사불란하게 움직이도록 지시를 할 것이다. 이때 리더십의 핵심은 신뢰다. 평소 선원들이 선장에 대한 신뢰가 없었다면 이들은 큰 파도를 만났을 때 선장이 무엇을 지시해도 '어차피 선장은 늘 엉뚱한 소리만 한다'는 생각에 따르지 않을 것이다. 선장의 지시대로 일사불란하게 움직여야 하는데, 생존하기 위해 뭉치는 것이 아니라 각자의 생각대로 움직이게 된다. 신뢰가 있어야만 리더의 말을 따르고 그 상황을 극복할 수 있는 것이다.

선장이 보여야 하는 리더십은 보스처럼 뱃머리에 앉아 지시하는 것도 아니고, 무턱대고 목소리만 높이며 역량을 요구하는 것도 아니다. 선원들로 하여금 선장이 올바른 결정을 할 것이라는 믿음을 갖도록 해야 한다. 그 근간에는 자신의 욕심과 이익이 아니라 배 전체를 위해 생각하고 헌신하는 사람이라는 신뢰가 깔려 있어야 할 것이다. 풍랑을 만나도 배가 살아남고 선원들이 생존할 수 있도록 신뢰를 얻는 것이 결국 선장으로서의 리더십이 시작되는 계기가 된다. 모든 상사가 좋은 리더가 되는 것은 아니다. 좋은 리더는 권위에 의존하는 것이 아니라, 팀워크를 유발하고 솔선수범하여 자연스레 존경심을 불러일으킨다. 좋은 리더는 부하 직원들의 잘못을 지적하는 것이 아니라 고쳐주고, 방법을 가르쳐주며, 일을 고통스럽기보다 재미있게 만드는 사람이다.

영화 〈위 워 솔져스〉는 베트남 전쟁 당시 미국의 한 장교 이야기를 담고 있다. 미 대통령의 TV 연설을 통해 할 무어 중령의 베트남 파병이 결정된다. 파병 전, 군인들과 그 가족들이 지켜보는 가운데 할 무어 중령은 간결하면서 진심 어린 연설을 한다. 부대의 리더로서 위험에 앞장서겠다는 결연한 각오가 보여지는 연설이었다. 울먹이는 듯한 표정으로 그가 말한 대사가 리더십의 진수다. 그는 적군을 앞에 두고 섰을 때 병사들 앞에서 이렇게 연설한다.

"우리가 전투에 투입되면 내가 맨 먼저 적진을 밟을 것이고, 맨 마지막에 적진에서 나올 것이며 단 한 명도 내 뒤에 남겨 두지 않겠다. 우린 살아서든 죽어서든 다 같이 고국에 간다."

리더는 구성원이 믿고 따를 수 있도록 신뢰와 진정성을 보여주어야 한다. 그래서 리더는 변명하지 않고 언제나 문제를 자기 책임으로 돌려야 하며, 조직이 어느 방향으로 향할지 정하고 그에 대한 공감과 동참을 이끌어내야 한다. 이때 당연히 자신을 위한 목표가 아니라 조직의 목표를 생각해야 할 것이다. 리더에게는 성과를 내기 위한 실질적인 역량도 필요하다. 그것은 하모니와 같다. 여러 악기가 어우러지게 만드는 오케스트라의 지휘자처럼 목표로 달성하기 위해 필요한 요소를 조화롭게 결합시키고 최고의 퍼포먼스를 내게 하는 것이 바로 리더십의 본질이라고 볼 수 있다.

리더십 유형이 팀의 분위기를 결정한다

리더십에 대해서는 다양한 유형이 분석되어 왔는데, 대표적으로 커트 레빈Kurt Lewin의 리더십 이론에 따르면 리더십의 유형은 크게 세 가지로 분류된다. 첫째, 권위주의형 리더십은 리더의 명확한 지시를 통해 의사 결정이 이루어지는 방식이다. 둘째, 참여형 리더십은 구성원이 협의와 협력을 통해 의사 결정을 내리도록 한다. 셋째, 위임형 리더십의 경우 리더는 되도록 관여하지 않으며, 구성원이 자유롭게 의사 결정을 하도록 하는 방식이다.

레빈이 말한 리더십 이론 외에도 주목할 만한 리더십 스타일 두 가지가 있는데, 바로 변혁형 리더십과 거래형 리더십이다. 조직 행동과 리더십을 연구한 미국 심리학자 버나드 바스[Bernard M.Bass]가 내놓은 이론으로, 한 번쯤은 직장에서 접해본 적이 있을 법하다. 간단히 말해서 변혁형 리더십은 자신을 따르는 사람들의 신뢰와 존경을 바탕으로 팀원을 격려하며 팀을 이끌어가는 스타일이다. 4가지 I라고도 설명하는데, 이는 개별적 배려[Individualized consideration], 지적 자극[Intellectual stimulation], 영감을 주는 동기부여[Inspirational motivation], 이상화된 영향력[Idealized influence]을 말한다.

변혁형 리더는 코칭과 격려를 통해서 팀원들을 지원하고, 각각의 개인이 가진 고유한 능력을 효과적으로 발휘할 수 있도록 돕는다. 팀이 공통된 목표를 위해 단결하여 성장할 수 있으며, 개개인에게 자유가 주어진다는 것도 장점이다. 다만 단점이라면 개별적인 작은 작업은 쉽게 잊히며 비전을 실현하기 어려울 수 있다는 점, 리더의 목표가 회사와 일치하지 않으면 위험할 수 있다는 점이 있다. 또 리더가 항상 관여하게 되면 압박으로 번아웃될 수 있는 형태이며, 모든 팀원이 리더를 존중하고 그 방식에 동의해야 한다는 전제 조건이 있다.

거래형 리더십은 보상 제도를 활용해 팀원들에게 동기를 부여하여 팀을 이끄는 방식이다. 거래형 리더는 보상과 처벌을 활용하면서, 명확한 지시 체계가 좀 더 좋은 성과로 이어진다고 생각한다. 팀원들은 리더의 지시를 따라야 하고, 리더는 팀원들을 면밀히 모니터링한다. 거래형 리더의 경우 명확하게 정의된 문제가 있는 상황에서 효율적으로 일을 처리할 수 있고, 모든 구성원이 명료한 역할이 있기 때문에 위기 상황을 잘 해결할 수 있다는 장점이 있다. 다만 반대로 팀원들의 창의성을 억제할 수 있고, 정서적인 지원이 부족할 수 있다는 맹점이 있어 주의해야 한다. 거래형 리더십은 흔히 단기 목표에 치중하는 경향이 있어 장기적으로는 성공을 거두지 못하는 경우가 많다.

리더의 가치관과 리더십의 성향은 팀의 분위기를 형성하고 구성원이 일하는 방향을 결정하는 데 많은 영향을 미칠 수밖에 없다. 비즈니스와 기업 문화 조성을 위해 다양한 툴을 제공하는 ASANA사 리더들은 회사 문화 형성을 위한 6가지 팁을 제안한다.

첫째, 공유 가치를 구축하고 실천하는 것이다. 이는 하향식으로 전달하지 않고 함께 창출하여 공유하며, 회사가 성장할 때에는 다시 새롭게 가치를 재고하고 정립할 수 있다. 둘째, 다양성을 가진 팀을 구성하며 팀원들이 소속감을 느끼도록 하는 것이다. 모든 구성원이 팀에서 환영받고 소속감을 느끼게 하며, 회사 자체에서 편안함을 느끼는 공간을 조성하는 것도 포함된다. 셋째, 서로를 신뢰할 수 있는 문화를 만든다. 때로 실패하더라도 솔직

	태도	기능/역량	리더십
초급(신입)	팔로워십	기본 업무+좋은 태도	팔로워십
중급(과장/부장)	팔로워십/리더십	숙련된 전문성	팔로워십+리더십
상급 관리자(리더)	리더십	최고 수준의 전문성	리더십(서번트리더십)

직급별 역량표

한 생각을 나누고 아이디어를 자유롭게 공유할 수 있어야 한다. 넷째, 구성원 모두가 의사 결정의 프로세스 일부를 담당하여 적절히 책임을 분배한다. 이를 통해 자신이 하는 일에 책임감을 느끼고, 회사에 기여하고 있다는 성취감을 나눌 수 있다. 다섯째, 업무가 분산되거나 명확하지 않아 모호한 일에 시간을 낭비하고 있다고 느끼지 않도록 일을 명확하게 하는 실질적 방법을 갖추어야 한다. 여섯째, 채용 및 온보딩 프로세스를 명확하게 구축한다. 지원자가 처음 회사와 상호작용하는 순간부터 직원들이 소속감을 느끼거나 문화를 형성하는 과정이 시작된다.

이러한 팁 역시 리더십을 발휘하는 방향성에 있어 고려하면 좋을 만한 부분이다. 효과적인 리더십은 개인을 성장하게 할 뿐만 아니라, 기업 전반의 목표 달성에 밀접하게 기여한다. 자신이 리더의 자리에 있다면 리더십 역량은 아무리 고민해도 지나치지 않다.

프로페셔널의 조건

프로페셔널은 자신이 가지고 있는 강점과 자신이 일하는 세계를 이해하고 다룰 줄 아는 사람이다. 그런데 리더가 꼭 프로페셔널과 같은 개념은 아니다. 대통령은 국가에서 발생하는 다방면의 문제를 해결하고 전반적인 살림을 이끌어가는 리더의 역할을 하지만, 대통령이 모든 분야에 있어 최고 전문가가 될 수는 없을 것이다. 이처럼 프로페셔널이 아니라도 리더가 될 수 있지만, 궁극적으로는 둘을 완전히 구분하기는 어렵다. 조직에서 자신이 리더로서 제너럴리스트가 될 수도, 스페셜리스트가 될 수도 있다. 즉 경영을 하는 CEO를 꿈꿀 수도, 프로페셔널한 전문가를 꿈꿀 수도 있을 것이다. 하지만 전문가도 궁극적으로는 리더십에 대한 준비를 해야 한다. 예를 들면 대형 식당 주인이 꼭 주방장이 될 필요는 없지만, 성공적으로 식당을 운영하기 위해서는 어느 정도 주방에 대한 이해를 가지고 있는 것이 유리한 것과 마찬가지다. 주방이 돌아가는 기본적인 구조를 이해하고 있어야 그 공간에서 일하는 사람들을 이해하고, 이끌고, 또 최적의 효율이나 문제 해결 방안을 찾아낼 수 있을 것이기 때문이다.

라면을 맛있게 끓이려면 최적의 레시피로 라면에 들어가는 식재료를 활용해야 한다. 적당한 양의 물을 넣고, 적당한 타이밍에 면을 넣고, 취향에 따라 달걀이나 대파 등의 부자재를 마찬가지로 적당한 비율로 넣어 하나의 조합을 맞춰야 한다. 계절에 따라서 어울릴 만한 제철 재료를 추가하여 더 근사한 라면을 끓일 수도 있을 것이다. 이러한 모든 조합을 최적화하는 것도 일종의 프로페셔널이다. 오케스트라에서 개별 악기를 연주하는 소리를 정확히 듣고 모든 악기가 조화롭게 어울리도록 조율하는 것이 지휘자의 역할인 것과 마찬가지다.

리더가 프로처럼 일한다는 건 능력뿐만 아니라 전체적인 관점으로 균형 잡힌 사고를 하며 조직 운영의 역량도 갖추는 것이다. 리더로서 조직이나 환경의 탓을 하지 않고 스스로 이끌어갈 능력이 있어야 한다. 리더는 목적지에 도달시킨다는 성과를 내는 것이 가장 중요한데, 아무리 지장이고 덕장이라도 목적지에 도달하지 못하면 결국 리더가 아니라 기능 전문가다. 그래서 결국 리더는 성과를 내기 위해 스스로도 그 분야에 전문적인 역량을 갖추고 있는 것이 좋다. 그에 더불어 프로페셔널과 아마추어들을 조합하여 어떻게 최적의 성과를 낼지 고민하고 방법을 찾아야 한다. 소속된 사람들과 자원들을 최적화하여 종합적으로 조직을 운영하는 능력을 갖추는 것이 리더의 역할이기 때문이다.

리더는 제너럴 스페셜리스트가 되어야 한다

리더에게는 새로운 시장과 수익원 개척, 혁신 문화를 만들고 리스크를 방어하는 자세가 필요하다. 또 세상에 사람과 시스템을 남겨야 하는 막중한 책무가 있다. 그런데 현실 속 대기업 임원들은 준비가 되지 않은 경우가 많다. 대기업 출신 임원들이 퇴직을 하고 중소기업에 스카웃되어 이동할 때, 능력 있는 관리자 역할을 하리라 기대되지만 실질적으로는 중소기업의 오너와 부딪히다가 금방 헤어지는 사례가 많다. 이유가 뭘까. 우선 대기업 출신 임원들이 중소기업으로 이동할 때 '내가 다 바꿀 수 있어'라는 만만한 시각을 가지고 가는 경우가 있기 때문이다. 예컨대 원래 하던 일이 IT 쪽이라면 새로운 일은 식품 관련인 식으로 업종이 달라지기도 한다. 업종의 특성에 따라 고객과 시장부터가 다르다. 그런 만큼 가장 기본부터 다시 이해하고 배우는 과정이 필요한데, 대기업 출신이라고 해서 조직을 전반적으로 개편할 생각만 하며 모든 걸 흩뜨리는 경우가 많은 것이 문제다.

보통 대기업에 있다 보면 개개인이 모든 것을 챙기기보다 환경적인 지원이 많다. 그래서 사실상 대기업 출신의 임원들은 스스로가 그 분야의 전문가이기보다 관리자로서 회사가 가진 자원을 효율적으로 운용하는 데 특화된 역량을 보이는 경우가 많다. 대기업 출신 임원 중에서 전문성을 가진 경우는 20% 이내고,

80% 이상의 대부분은 관리자 역할을 한다. 그런데 기업에 있는 많은 사람들이 임원이 되면 스스로의 전문가적 능력이 그만큼 갖춰졌다고 착각한다. 관리자인데 전문가가 되었다고 착각하는 것이다.

대기업 임원들이 경영자급 임원이 되면, 그때부터는 제너럴 스페셜리스트가 되어야 한다. 제너럴 스페셜리스트의 자세로 뾰족한 자신만의 전문성을 갖추고 있어야 하는 것이다. 그런데 실제로는 대부분의 리더들이 막상 임원이 되면 오너의 눈치를 보면서 일하느라 현장에서는 문제를 제대로 해결하지 못하는 경우가 많다. 그러다 보니 대기업 출신 임원들이 퇴직 후 중소기업으로 이직했을 때 오너와 부딪히며 문제가 발생하는 것이다. 중소기업 오너들은 대기업 출신 임원을 영입하면 그들이 최소 1년 이내에는 무언가를 완성해 보여줄 것이라고 기대한다. 그런데 대기업 출신 임원들이 일했던 환경과 다른 중소기업에 오면 대기업에서만큼 의사 결정에 대한 지원 구조가 마련되어 있지 않다. IT 시스템은 물론이고 직원이 성과에 몰입하는 문화까지 새롭게 만들어야 하는 경우가 많다. 더구나 직원들의 기존 인식관이나 문화를 무시하고 무턱대고 모든 결정을 내려 직원들이 불만을 가지고 이탈하기도 한다. 한편 중소기업의 오너 입장에서는 대기업 출신 임원을 영입했을 때 모든 걸 한번에 해결해줄 거라는 기대치가 있는데 그만큼 성과가 안 나오니 답답해한다. 서로 이해를 못하면서 갈등이 격화되고 빠른 시간 내에 헤어지는 일이 생기는 것이다.

대기업 출신의 전직 임원은 사람, 돈, 시스템 같은 자원의 지원 없이 혼자서 진행하는 것에 익숙하지 않은 이들이 많고, 반대로 중소기업 창업자는 임원이 슈퍼맨처럼 뭐든 해낼 것이라 오해하고 있는 경우가 많아 둘 사이의 인식 차이가 매우 크게 벌어진다. 그러다 보니 1년 안에 무언가 바꾸기는 어려운 임원과 무엇도 지원하지 않고 결과만 요구하는 창업자 사이에 메울 수 없는 벽이 생기고 결국 좋지 않은 인상으로 헤어질 수밖에 없는 것이다. 중소기업으로 이동한 임원들은 충분히 기업의 수준과 일하는 방식과 문화를 파악한 후 적절한 자원의 요청과 함께 변화 관리에 필요한 시간을 확보해야 한다. 그리고 창업자들은 임원의 얘기를 듣고 일을 잘할 수 있는 자원과 환경을 만들어 주려 노력해야 한다.

즉 새롭게 이동한 임원이 전 직장에서 탁월한 퍼포먼스를 냈다 해도 상황이나 환경이 바뀌었을 때는 충분히 그 환경을 파악하고 점진적으로 바꿔 나가는 과정이 필요하다. 갑자기 모든 시스템을 갈아 엎으면 직원들도 위기감을 느끼고, 또 단기간 내 성과가 나오지 않으면 오너 입장에서도 불만이 생긴다. 차근차근 현재 환경에서 직원들의 이야기를 듣고 소통한다면 임원과 오너가 적이 되는 일은 없을 것이다.

만약 전문가로서 그 분야의 시스템을 충분히 이해하고 있다면 백지 상태에서도 새로운 시스템을 만들어갈 수 있을 것이다. 하지만 대기업과 같은 환경적 지원이 없는 상황에서도 그럴 만한 역량이 있는지는 스스로 돌아볼 필요가 있다. 많은 사람들이 회사에서 어느 정도 승진을 하고 임원급 관리자가 되면 그 상황에 안주하는 경우가 생긴다. 하지만 실질적으로 사회에서는 꾸준히 세대 교체가 일어난다. 그렇다면 중요한 건 회사 내에서 최대한 내 일에 대한 전문성을 갖추는 것, 학습을 통해 내 역량이 어디에서든 문제를 해결할 수 있도록 발전시켜 나가는 것이다. 특히 40대 중반이 넘어서면 최소 중간관리자 이상인 리더의 역할을 하게 되는데 이때부터는 제너럴 스페셜리스트가 되려는 노력이 꼭 필요하다. 그래야 지속적으로 성장하고 또한 리더로서 역량을 발휘할 수 있다.

잘해주는 사람이 아니라 잘하게 해주는 사람

리더의 역할은 비전을 제시하고, 방향을 보여주고, 목표를 달성하기 위해 시스템을 만들고 조직을 평가하는 것이다. 좋은 리더는 혼자서 모든 것을 하는 사람이 아니라, 조직원들이 스스로의 역량을 발전시키고 인정받을 수 있는 방법을 찾도록 도와주는 역할을 해야 한다. 리더는 지적하는 것이 아니라 실수를 줄이도록 도와주는 사람, 역량을 키우고 성장할 수 있도록 이끌어주는 사람이다. 리더가 혼자서 모든 걸 하려고 하면 리더가 떠났을 때 배가 완전히 길을 잃고 헤매게 될 것이다. 따라서 남은 선원들을 선장의 빈자리를 채울 수 있도록 각자의 역량을 키워 주는 것이 리더가 코칭을 할 때 생각해야 하는 점이다.

좋은 선생은 미리 예측하고 정보를 줄 수 있겠지만, 더 중요한 것은 일과 의사 결정을 스스로 할 수 있도록 역량과 통찰력을 키워주는 사람이다. 예를 들면 서울에서 부산에 간다고 했을 때, 오직 KTX밖에 없다는 닫힌 사고를 하는 것이 아니라 그 외에도 비행기를 이용하거나 고속버스를 타는 등 여러 방법이 많다는 가능성을 오픈하는 것이다. 답은 A부터 Z까지 다 있을 수 있는데, 우리는 대체로 A, B, C 내에서만 답을 찾는다. A, B, C 중에도 답이 있지만 X, Y, Z도 답이 될 수 있음을 알아야 한다. 그래서 리더는 일방적인 지식을 주는 것이 아니라, 다양한 방법 중에서 어떤 것이 그들의 목적성에 맞고 유리한지 살피고 스스로 결정하게 해야 하는 것이다.

조직에서도 마찬가지다. 답을 주는 것이 아니라 질문을 던져야 한다. 일방적으로 지식을 주입하고 가르치는 것이 아니라, 나아갈 방향에 대해 이야기하고 공감대를 형성하는 것이 중요하다. 직원이 직접 느낄 수 있도록 인사이트를 주거나 자극하고 같이 풀어나가는 과정이 있어야 티칭이 아닌 코칭이라고 할 수 있다. 다만 처음에는 70% 정도의 코칭에 30% 정도는 티칭을 섞어야 직원들도 쉽게 배우고 적용할 수 있을 것이다. 물론 코칭을 전문으로 하는 분들은 코칭 100%가 되어야 한다고도 이야기하지만, 대부분의 중소기업에서 직원들이 코칭을 완전히 받아들이는 데는 단계가 필요하다. 그래서 점진적으로 코칭의 비율을 높여가는 것이 지혜로운 방법이다. 아무리 좋은 질문을 던진다고 한들 받아들이는 사람이 준비가 안 되어 있을 때는 그만한 결과를 기대하기가 어렵다. 좋은 성과를 내기 위해 질문을 던지는 건데, 현실에서는 선문답만 반복하는 결과가 될 수 있으니 현 상황과 직원들의 일하는 방식에 따라 적용해야 한다.

지속 가능하지 않은 도움은 일회성에 그친다. 그 조직에 있는 사람들이 앞으로도 스스로 끌고 나갈 수 있는 구조를 만드는 미션을 주고 가르쳐야 한다. 물고기를 잡아주지 말고 낚시하는 법을 가르쳐 주라는 말이 있는데, 하다못해 그 낚싯대도 쉽게 구할 수 있는 재료로 만들 수 있도록 해야 지속 가능한 것이다. 기업이 조직 문화를 위해 컨설팅을 받았을 때 리포트 한 장으로 아무리 좋은 내용을 정리해 줘도 그 안에 있는 사람들이 실제로 꾸준히 할 수 있는 역량이 만들어져 있지 않으면 소용이 없다.

지속 가능한 구조의 중요성은 일을 하는 개개인에게도 마찬가지로 적용된다. 예전에 함께 일했던 한 직원에게서 전화가 온 적이 있다. 그는 지금은 다른 직장으로 옮겼다며 간단한 근황을 전했다. 나와 일했던 당시 끊임없는 학습을 요구하는 바람에 해야 하는 공부가 많아 사실 힘든 점이 많았는데, 지금 와서 생각해보니 고맙다는 인사를 전하려 연락했다고 한다. 덕분에 많은 경험을 했고, 그때 공부했던 게 현재까지 이어지고 있어 왜 그렇게 공부를 강조했는지 이제는 이해가 된다는 것이다.

당시 나는 위생과 안전, 준법에는 타협하지 않았고, 그 일을 하는 직원들에게 그 분야 최고의 전문가가 되어야 한다고 강조했다. 다양한 학습의 기회를 제공하고 국내외 견문도 넓히도록 했지만, 무엇보다 스스로 필요성을 느끼고 공부하는 문화를 만드는 데 집중했다. 덕분에 함께 일했던 직원도 최근 안전 분야의 효용성이 커지며 이제는 대기업의 안전을 책임지는 자리에 올랐다고 반가운 근황을 전한 것이다.

조직 내에서도 결국 개인이 성장해야만 조직의 미래를 바라볼 수 있다. 나이가 들수록 가만히 편해지는 것을 찾게 되는데, 그러다 보면 경쟁력이 떨어질 수밖에 없다. 개인이 추후에도 지속적으로 성장할 수 있는 안전 장치가 바로 학습이다. 리더로서 직원에 대한 사랑과 배려, 존중이 있다면 잘해주는 것보다 잘되게 해주는 것이 중요하다. 그걸 알기에 직원들도 당시 생각을 바꾸고 내가 요구하는 방향을 따라와준 것이라고 생각한다. 물이 고이면 물은 썩기 마련이고, 철이 방치되어 있다면 그 철은 언젠가는 녹이 슨다. 조직 관리를 하는 데 있어 중요한 것은 편하고 좋은 자리가 아닌 변화를 주도하는 것이다. 그 변화는 학습을 통해 이루어진다.

2.
리더십과
팔로워십

팔로워십 없이는 리더십도 없다

제임스 클리프턴^{James K. Clifton} 갤럽 회장은 "사람들의 삶에 많은 영향을 미치는 것이 바로 직장"이라고 말했다. 특히 직장에서 관리자와의 관계를 통해 많은 영향을 받기 때문에, 관리자와 조직원이 좋은 관계를 형성하는 것이 중요하다고 강조했다. 사실 경영에는 답이 있는 것이 아니라 경영 자체가 바른 답을 찾아가는 과정이다. 그리고 그 과정에서 빼놓을 수 없는 것이 관리자와 조직원의 관계, 즉 리더십과 팔로워십의 유기적 관계라고 할 수 있겠다. 보통은 리더십을 많이 강조하지만 사실 팔로워십이 리더십의 기본 요체라고 볼 수 있다. 팔로워십 없는 리더십은 있을 수 없기 때문이다.

보통 조직에서 신입사원, 중간 관리자, 시니어 관리자가 있다고 생각해 보자. 이때 단계적으로 팔로워십을 가져야만 그다음 단계에서 본인의 리더십도 생기는 것이다. 신입사원 때 중간 관리자에게 늘 대들고 뒷담화했던 사람이 중간 관리자 자리에 가면 그를 따라야 하는 조직원들의 팔로워십을 기대할 수 있을까? 그런 일은 발생하지 않는다. 뿌리 깊은 나무는 바람에 흔들리지 않는다. 기초가 튼튼해야 리더십도 튼튼한 법이다. 그래서 중요한 것이 스스로 직장 생활에서 좋은 모델의 역할을 하는 것이다. 만약 조직의 비전이나 팀워크에 관심을 갖지 않고 주어진 역할에만 한정해서 일한다면, 그만큼 경험이 부족해지고 성장의 열매도 없다고 봐야 한다. 즉 성과의 크기도 작을 수밖에 없고, 그 사람이 성과를 바탕으로 조직에서 승진하거나 발전하는 데도 한계가 생긴다. 그래서 신입사원일 때부터 정해진 역할만 하는 것이 아니라 리더가 보여주는 비전에 공감하며 적극적인 태도로 리더처럼 일해야 성장 가능성이 높다. 이후 관리자의 자리에 올랐을 때에도 그것이 자신의 리더십을 뒷받침하는 힘이 될 수 있다.

리더십과 팔로워십이 조화롭고 건강하게 어우러지는 것은 조직이 올바른 방향으로 나아갈 수 있도록 하는 든든한 뒷받침이 될 것이다. 10년 전에는 리더는 외로운 자리라고 했다. 하지만 이제 리더가 외로우면 문제가 있는 것이다. 고립되지 않도록 직원들과의 다양한 접점을 만들어야 한다. 젊고 새로운 세대가 유입되면 그 변화를 받아들이면서 함께 시너지를 내고, 경력이 쌓인 세대의 경험을 자연스럽게 전달하는 분위기를 만들어가는 것도 리더의 역할이다. 일하는 문화를 긍정적으로 만드는 것이 중요하다.

하나 덧붙이자면, 리더가 문화에 대한 소양을 갖추는 것도 직원들과 소통을 나누며 자연스레 팔로워십을 만들어 가는 좋은 재료가 될 수 있다. 일을 잘하는 리더는 물론 업무적인 해결 능력이 뛰어나기도 해야겠지만, 팔로워들이 리더에게서 인사이트를 받는 것이 있어야 한다. 리더가 문화에 대한 소양이 없으면 늘상 일 얘기만 하게 된다. 내가 기업 코칭을 할 때도 80%는 경영에 대한 이야기지만 20%는 문화에 대해 이야기한다. 점심 식사 시간에는 평소에 쉽게 접하기 어려운 와인을 소개해 주고, 함께 마시면서 관계를 형성한다. 어떤 때는 칵테일을 만들어 주거나 미술에 대한 이야기를 하기도 한다. 직원들 간에 여러 방식으로 커뮤니케이션을 하고 친밀도도 높아지는 중요한 도구 중 하나가 바로 문화이기 때문이다. 이를 잘 활용하는 조직에서는 그만큼 대화가 더 풍성하다.

직원도 고객이다

내가 생각하는 좋은 회사는 직원이 행복하고, 또한 직원이 부자가 되며, 그로 인해 궁극적으로 세상에 가치를 남기는 회사다. 사실 오랫동안 조직에서 리더 역할을 하면서 필요 이상으로 엄격하거나 언성을 높일 때도 많았다. 그러다 40대에 들어서며 대표이사를 맡게 되었는데, 직원들을 대하는 태도를 다시 돌아보게 됐다. 직원들에게 잔소리를 하거나 스트레스를 준다고 해서 숫자나 결과가 바뀌는 것은 아니었다. 오히려 그 반대다. 나쁘게 행동하면 사람의 마음에 상처만 남고, 결과는 바뀌지 않는데 관계만 악화된다. 가장 가까운 사람을 대하는 태도부터 다시 돌아봐야 한다는 것을 느끼고, 궁극적으로 고객뿐 아니라 직원이나 협력사까지도 고객 관점으로 바라봐야 한다는 것을 깨닫게 됐다. 이것이 지혜일 수도, 혹은 이기적인 계산일 수도 있겠으나 직원도 고객도 내가 1의 에너지를 쓰면 3 이상의 결과를 돌려주는 세상의 경험칙을 발견한 것이다. 협력사의 경우도 서로 존중하고 상생하며 파트너십을 생각할 때 일의 성과도 그만큼 좋게 나타났다.

비즈니스에 있어서 가장 중요한 건 고객과 시장이지만, 직원에 대한 태도 역시 일종의 고객을 대하는 태도와 맥락을 함께한다. 기업을 운영하는 입장이라면 실제 구매 고객, 협업사 등의 관련 고객, 그리고 기업 내에서 일하는 직원까지도 공통적으로 고객이라고 봐야 한다. 고객이 늘 왕이어야 한다는 건 아니지만 기본적인 존중의 태도는 갖춰야 할 것이다. 그러한 태도의 밑바탕이 되는 건 존중과 배려, 사랑이다. 마찬가지로 직원들을 대할 때도 인간 존엄에 대한 기본을 갖추는 태도가 동일하게 적용되어야 한다. 즉, 직원을 가족으로 여기는 패밀리 정신이다. 이는 매우 중요한 비즈니스 예절이며, 함께 일하는 사람들에 대한 인식이 바뀌면 일에 대한 태도도 달라진다. 그런데 많은 기업에서 당장 성과를 내는 데만 급급하다 보니 이러한 관계나 태도에 대해 가르치지 않고 소홀히 넘어가는 경우가 많다. 관계에 대해 올바른 관점이나 철학이 없으면 사람에 대해 기능적으로 접근하고 성과에만 집중하게 된다. 직원들이 일하는 태도가 좋지 않다면 결과적으로 사고가 생길 가능성이 커지고 리스크의 크기를 키우는 셈이다.

일에 성과를 내기 위한 핵심은 '누구와' 일하느냐에 있다. 특히나 어느 정도까지는 역량과 성과만으로도 성장할 수 있지만, 그런 식의 성장에는 한계가 있다. 직원들을 이끌고 비전을 제시하는 리더는 경영에 대한 철학이나 회사에 대한 충성도, 직원에 대한 고객 관점의 태도까지도 반드시 갖추고 있어야 한다. 그래야 종합적인 관점을 통해 발전할 수 있기 때문이다. 일은 다양한 방법으로 어떻게든 해결할 수 있다. 그러나 사람이 준비되지 않고,

사람과의 관계가 좋지 않다면 성과 창출이 어렵다. 결국은 사람이 전부다.

성장 가능성을 키우는 인식관의 변화

훌륭한 리더는 조직의 인재가 각기 역량을 발휘하고 성과를 내도록 돕는다. 본인이 최고 역량을 갖추고 있지 않더라도 유연성과 리더십을 갖추고 있다면 인재를 적재적소에 활용하여 얼마든지 성과를 낼 수 있다. 그런데 현실에서는 오히려 훌륭한 인재를 기용하지 않으려 하는 문제가 발생하기도 한다. 예를 들어 A박물관에서 일하는 직원들을 보면 60% 정도가 C대학 출신이고 경쟁률도 약 200:1에 이를 만큼 치열하다. 그런데 훌륭한 인재가 많은 조직이 창의적으로 운영되는 것은 아니다. 뛰어나거나 튀는 사람들은 어느 순간 밀려나거나 쫓겨나기 일쑤다. 시키는 일만 하고, 새로운 일은 하지 않으며 곰처럼 버티는 사람들이 조직에 잘 적응하는 것처럼 보인다. 공무원처럼 주어진 일만 하는 사람이 인정받는 조직은 좋은 성과를 낼 수 없다. 어떤 조직이 개인이 성장하지 못하는 환경에 머무른다면 궁극적으로 오래 가기 어렵다는 것을 알아야 한다. 직원이 성장하지 못하면 기업도 함께 도태된다. 좋은 인재와 함께 일하고 성장해가는 과정은 개인의 차원에서도, 조직의 관점에서도 매우 중요하게 다뤄야 하는 문제다.

좋은 인재 관리에서 가장 우선 순위로 중요한 것은 'Screening' 이다. 좋은 태도와 역량을 가진 사람을 필터링해서 잘 선발하는 것이 첫 번째인 셈이다. 그 이후로는 조직에서 개인의 생각에 대해서도 관심을 가지고 같이 발전할 수 있는 방향을 모색해야 한다. 이를테면 회사의 미래를 그려나가는 비저닝에 참여할 수 있게 하고, 의사 결정 참여, 다양한 학습, 리더와의 대화와 소통을 꾸준히 하여 개인의 인식관을 맞춰 나가는 것이다. 소모되는 것이 아니라 주도적인 의사 결정을 통해서 참여한다고 느낄 때 직원들이 더욱 성장하고, 그에 따라 기업도 성장할 수 있게 된다.

이때 주의할 점이 있다. 대기업이나 글로벌 기업의 경우 인재의 선발이 중요하다고 보지만, 현실에서 중소기업의 채용 시장을 보면 상황이 또 다를 수 있다. 좋은 인재를 선발할 환경이 되지 않거나 좋은 인재가 선택을 꺼리기도 하므로 중소기업에서 좋은 인재를 뽑는 것은 난이도가 높은 일이기도 하다. 그렇다고 좋은 직원을 뽑는 데 시간과 돈을 쓰기도 어려운 경우 경영자들은 고민이 많아진다. 하지만 그렇다고 좋은 인재를 만날 방법이 없는 것은 아니다. 중소기업이나 소상공인의 경우는 기존 채용 방식으로만 선발하려는 사고를 버리는 것이 하나의 방법이 될 수 있다. 예를 들면 직원들의 추천을 통해 사람을 선발하거나 폐쇄 조직의 활동을 하는 것도 좋은 인재를 찾을 수 있는 하나의 루트가 된다.

이랜드 그룹에서 내가 맡았던 서비스 조직은 그룹 내에서 평가 외의 위치였다. 전 직원들에게 소위 버려진 카드 같다는 열등감과 패배 의식이 은연중에 깔려 있었다. 그러다 보니 조직에 비전을 제시하고 분위기를 바꾸는 것 자체가 참 어려운 과정이었다. 오랫동안 실질적인 변화가 없다 보니 직원들 대부분이 별다른 기대 없이 관망하거나 불만에 차 있는 경우가 많았다. 이럴 때 리더가 성과를 내기 위해서 꼭 필요한 요인 3가지를 꼽자면 지속력, 집요함, 그리고 근성이다. 결국 리더가 할 수 있는 일은 끈질기게 직원을 설득하고, 또 끝내 결과로 보여주고 증명하는 것뿐이다. 직원들 스스로가 자신을 그저 조직의 소모품이라고 여길 때, 우리도 미래의 주인공이 될 수 있다는 것을 보여주고 싶었다. 부정적인 인식관이 깊게 박혀 있는 직원과는 10번, 20번 넘게 꾸준히 면담을 하기도 했다. 단순히 말뿐이 아니라 실제로 직원들에게 약속한 내용을 지키기 위해서 누구보다 치열하게 일했다. 그리고 필요하면 직원과 협력사의 입장에서 옷을 벗을 각오로 일했다.

직원과 협력사가 어떻게 하면 더 좋은 환경과 복지 조건을 갖추고 일할 수 있을지 고민하고, 거의 모든 시간을 집에도 가지 않고 직원들과 함께 보냈다. 마침내 3년 만에 평가 예외 조직에서 평가 'A'를 받을 만큼 긍정적인 성장을 이뤄낼 수 있었다. 그동안 7년간 승진이 한 명도 나오지 않았는데 어떤 해에는 과장급 이상을 10여 명 이상 승진시켰고, 내가 할 수 있는 최대한의 포·보상으로 따라와 준 직원들에게 성과를 나누어 주었다. 내부 평가도 중요하지만 외부 평가도 중요한데, 2012년 처음으로 대한상공회의소와 지식경제부가 주관한 기업 혁신 부문에서 '지식경제부 장관상'을 받았다. 무엇보다 직원들이 '우리도 할 수 있구나'라고 느끼게 됐다는 점이 고무적이었다.

리더가 할 수 있는 것은 말이 아니라 결과로 보여주는 것이다. 가장 앞장서서 직원들에게 약속한 포상을 주었고, 그러다 보니 처음에는 리더가 바뀌는 것에 기대 없이 관망했던 직원들도 점차 희망이 생기고 사기가 올랐다. 리더가 어떤 방향으로 직원들을 이끌어갈 때는 인사에 합리성, 공정성, 투명성, 예측성 등이 모두 엄격해야 불만이 없다. 기준 원칙만 가지고 있다면 유연하게 이끌 수 없을 것이고, 아예 원칙이 없다면 매번 흔들리고 혼란스럽다. 직원들의 인식관을 바꿔주고 또한 자기주도적으로 일하게끔 하는 데 가장 중요한 것은 리더에 대한 신뢰다. 리더가 직원에 대한 사랑과 존중, 배려를 가지고 있을 때 직원들은 리더를 신뢰할 수 있다. 이를 위해 나는 어떠한 경우에도 직원들이 공정하게 경쟁하고, 공정하게 평가받기를 원했다.

또 가치관을 지키기 위해서는 타협하지 않는 것도 중요하다. 실제로 이전에 어떤 문제가 생겼는데 우리 생각이 옳다는 것을 증명하기 위해서 시간과 비용이 드는 소송도 불사하지 않았고, 이에 따른 배상금을 받아 사회복지시설에 기부한 적이 있다. 배상금을 받는 것이 중요한 게 아니라, 직원들이 흔들리지 않고 믿을 수 있는 가치를 증명해 보이기 위한 일이었다.

부정적인 직원을 변화시킬 수 있을까

사과에서는 에틸렌 가스가 나와 주변에 있는 다른 과일을 숙성시킨다고 한다. 그래서 겨울에 떫은 감을 빠르게 달달한 감으로 익히려면 옆에 사과를 두면 된다. 숙성을 빠르게 하는 효과가 있는 것이다. 마찬가지로 썩은 사과를 다른 과일과 함께 두면 옆에 있는 과일까지 다 상해 버린다. 그래서 냉장고에 넣을 때도 사과는 랩이나 비닐로 밀봉해서 다른 과일과 분리시켜야 한다.

일할 때도 사과 같은 사람이 있다. 무기력하거나 불만이 많은 직원이 어디에나 있기 마련이다. 애초부터 그런 성향을 가진 사람도 있지만, 조직의 분위기 속에서 점차 부정적인 성향으로 바뀐 경우도 있을 것이다. 당연한 말이지만 긍정적인 사고를 하는 사람들에게서 긍정적인 결과가 나오고, 부정적인 사고를 하면 부정적인 결과가 나온다. 비판적인 사람은 대안을 가지고 있기 때문에 도움이 될 수 있지만, 부정적인 인식관을 가진 사람은 마치 썩은 사과처럼 주변에까지 부정적인 영향을 미칠 수 있다는 것이 더 큰 문제다.

부모와 자녀 사이에 원활히 소통하는 데도 몇 년이라는 기다림이 필요한데, 직장 내에서 부정적인 사람의 마인드를 바꾼다는 건 더 많은 노력과 시간이 걸릴 수밖에 없다. 성과에 몰입할 수 있는 분위기로 변화할 수 있는 토대를 마련하며 많은 에너지를 써서 설득하고, 피드백하고, 포지션도 바꿔보고, 스스로 느끼게 해야 한다. 간혹 무능하거나 성과가 나지 않는 직원에게 모든 책임을 전가하는 경우가 있다. 그러나 리더는 직원의 태도와 성과를 변화시킬 수 있어야 한다. C급 직원을 B급 직원으로, B급 직원을 A급 직원으로 만들 책무가 있다. 여러 악조건이 있더라도 개인의 가치관이나 역량을 좀 더 좋은 쪽으로 발전시키는 것이 인재 경영이다.

한 번은 우리 회사의 한 물류창고에 불이 나서 억 단위의 큰 피해를 입은 적이 있었다. 그곳을 담당하던 총무 팀장이 있었다. 불이 난 다음 날 바로 창고에 찾아갔는데, 팀장이 이 일에 대해 자신이 얼마나 고생했는지에 대해서만 계속 토로하는 것이었다. 그가 실질적인 책임자고 회사가 큰 피해를 입었는데도 본인의 고충에 대해서만 말하는 태도에 매우 실망스러웠다. 하지만 인내심을 가지고 계속해서 관계를 이어 나갔다. 다른 현장으로 옮길 때 그를 불러 책을 선물하며 책임자로서의 역할을 부탁했다. 지속적으로 대화하며 기다린 보람이 있었는지 3년 만에 그는 현장에서 최고 평가를 받았다. 심지어 지점장이 자산관리 본부장에게 다른 곳으로 절대 이동하지 않았으면 좋겠다는 요청까지 있었다.

사람들과 일할 때 책임을 묻는 데 급급할 것이 아니라, 어떻게 일을 할 것이며 왜 그렇게 해야 하는지에 대한 공감대 형성에 많은 시간을 들이는 것도 필요하다. 어떤 직원이든 학습을 하고 새로운 시야로 바라볼 기회를 얻어야 하기 때문이다. 면담을 계속하고, 끊임없이 변화를 유도해야 한다. 좋은 현장을 보여주는 것도 변화의 단초로 삼을 수 있는 하나의 기회가 된다. 다그치는 것이 아니라 좋은 걸 보여주고 느끼게 하는 것이다.

다만, 그럼에도 절대 변하지 않을 썩은 사과 같은 직원은 정리를 하는 것을 권유한다. 짐 콜린스의 경영서 《좋은 기업을 넘어 위대한 기업으로》를 보면 종착지가 다른 버스 승객을 빨리 내리게 하는 것이 좋다는 얘기가 있는데, 부정적인 사람은 고쳐 쓰기보다는 헤어지는 것이 좋은 결정이 될 수 있다. 썩은 사과보다는 미래의 관찰자가 많은 조직이 좋은 조직이다.

사람은 누구나 실수를 할 수도 있고 잘못된 판단을 내리기도 한다. 그에 대해서는 내가 리더라고 해도 변명하지 않고 용서를 구해야 한다. 그다음 어떻게 해결할지 고민하고 행동을 바꾸면

되는 것이다. 나도 현직에 있을 때는 연말마다 종무식에서 한 해 동안 잘못한 것에 대해 이야기하고 반성하는 시간을 갖기도 했다. 그런 장치를 통해 자신을 돌아보면 다음 해에는 같은 실수를 줄일 수 있기 때문이다. 사람 대 사람으로 진솔하게 대화하고 기회를 줬을 때 받아들일 수 있다면 어떤 사람이든 더 성장할 수 있다. 가치관을 공유하고 일의 철학이 정리되면 부정적인 생각을 하지 않게 된다. 화를 내고 짜증을 낸다고 해서 긍정적으로 달라질 확률은 높지 않다. 물론 지나치게 칭찬만 하는 것도 바람직하지 않지만, 궤도를 벗어나지 않는 선에서 사람에 대해서는 긍정적으로 접근하는 것이 가장 좋은 변화를 이끌 수 있는 방법이다.

3.
개인 학습과
조직 학습

세상의 변화에 발맞춰야 하는 이유

시대 변화에 따라 관점은 달라진다. 그래서 시대적 변화를 정확하게 이해해야 비즈니스에서의 실수를 줄일 수 있는 것이다. 물론 일을 하면서 모든 개개인의 가치관에 다 맞출 수는 없다. 하지만 새로운 세대, 특히 흔히 말하는 MZ세대의 생각을 듣고 그들이 왜 그렇게 생각하는지 이해해야 앞으로 소통하고 비즈니스를 할 수 있을 것이다. 결국 이제는 그들이 우리의 직원이자 고객이 되기 때문에, 이 역시 고객 관점으로 이해하고 바라볼 필요가 있다. 따라서 어떤 원칙을 무조건 따르는 것이 아니라 현장에서 고객의 소리에 맞는 답을 찾아야 하는 셈이다.

조직은 마치 숨 쉬는 유기체처럼 움직이고 성장한다. 물이 가만히 고이면 썩고 철이 가만히 있으면 녹슬기 마련이다. 때로는 결핍과 상처도 필요하다. 안정적이고 변화가 없는 조직에서는 혁신을 하기 어렵고, 상처를 극복했을 때 다음 단계로 나아갈 수 있기 때문이다. 변화에 민감한 조직은 미래 변화를 주도하여 앞장서 나가지만, 변화하지 않는 조직은 일하기는 편할지언정 제자리에 머물러 있게 된다. 1km 달리기를 한다고 했을 때, 선두 그룹에서 달리는 아이들은 모두 비슷한 속도로 엎치락뒤치락하며 달리는데 희한하게 중간이나 끝에 있는 아이들은 점점 뒤처지며 선두 그룹과 거리가 더 멀어진다. 조직도 이와 마찬가지다.

보통 스타트업은 기존에 자신이 가지고 있던 경험으로 시작하게 되는데, 사실 개인의 경험은 세상의 아주 작은 부분일 수밖에 없다. 여러 가지 기술, 상품, 서비스는 급격히 늘어나고 있는데 개인의 경험은 정체되어 있다. 개인의 생각과 현실의 갭이 벌어질수록 당연히 발전은 어렵다. 아무리 좋은 성품을 가졌더라도 지식에서 뒤처지게 되면 결과적으로 꼰대가 될 수 있다. 세상이 변화하는데, 내 것을 지키기 위해 고집을 부리기 때문이다.

하지만 나이가 50, 60세가 넘더라도 남의 이야기를 계속 듣고 소통하려는 노력을 해야 발전할 수 있다. 성장하고 변화하기 위해서는 계속 학습해 나가야 한다. 트렌드를 알기 위해 기사를 읽고, 기술의 추세를 알기 위해 논문을 읽고, 또 전문가를 통해 심화된 지식을 적용할 수 있도록 학습하며, 실제 현장에 나가서 눈으로 보고 가슴이 뛰어야 한다.

조직 내 학습과 성장

조직의 미래 성장 크기는 직원들이 가진 역량의 합만큼이라고 할 수 있다. 의사 결정은 주로 경영자가 하지만 실행하는 것은 직원들이다. 즉 직원이 성장해야 회사가 성장하는 것이다. 그런데 2017, 18년 무렵 조사 결과를 보면 중소기업에서 직원들의 성장과 교육을 위해 쓰는 비용이 채 1만 원이 안 된다고 한다. 중소기업의 많은 리더들이 왜 일이 자신의 지시대로 실행되지 않는지 몰라 답답해한다. 직원들이 자신의 말을 듣지 않는다고 오해하기도 한다. 막상 직원들은 그 일을 감당할 만큼 역량이 준비되지 않아 실행이 어려운 경우가 많다. 그래서 자신이 생각하는 꿈이 있다면 직원들의 성장을 위해서 다양한 투자를 해야 하는 것이다. 그런 과정 없이 결과만을 기대하는 것은 어불성설이다.

결국 조직의 생산성을 높이기 위해서는 철저한 학습이 뒷받침되어야 한다. 학습을 개인의 재량으로 남겨두는 것이 아니라, 조직에서도 개인이 성장할 수 있도록 발전을 도와줘야 한다. 비즈니스 예절부터 업무의 기본, 기능, 표준화된 매뉴얼, 도구, 시스템, 문화까지 습득할 수 있도록 하는 학습 체계가 갖춰져 있어야 개인이 성장할 수 있고, 궁극적으로 조직의 성장에도 기여할 수 있다. 다만 이때 생산성을 높이는 방향으로 갈 것인지, 직원들을 전인격적인 리더로 성장시키는 것을 목표로 할 것인지는 회사의 철학에 따라서 학습의 방법과 방향도 달라질 것이다.

  만약 생산성에 포커스를 둔다면 영역별로 학습해야 한다. 마케팅, 기획, 영업, 리더십 등 관련된 영역에 집중하여 공부해야 하고, 회사에서도 그러한 각 영역에 대한 지식을 제공하면 된다. 전체적인 관점을 지니고 전인격적인 리더로 성장시키겠다는 목표가 있다면 좀 더 균형적인 학습이 필요하다. 리더에게는 지식뿐 아니라 지혜가 필요하다. 영역별 지식 이외에도 필요하다면 문화적인 역량 또한 높일 수 있도록 해야 한다.

  조직 학습의 방식은 톱다운으로 할지 바텀업으로 할지 정해야 하는데, 사실 자율적으로 이루어지는 것이 가장 좋다. 물론 톱다운이 무조건 나쁜 것은 아니며, 초기에는 일단 학습을 이끌고 서포트해 주는 것도 도움이 된다. 다만 이러한 비율이 20~30%를 넘어가지 않는 선에서 나머지 70%를 어떻게 바텀업으로 참여하게 만들 것인지는 회사의 철학에서 나온다. 조직원을 인격적으로 대우하고 성장시킨다는 경영자의 목표가 있다면 직원들을 위한 비용이나 교육 시간을 많이 쓸 수 있을 테지만, 그렇지 않으면 자율적인 참여를 이끌어내기 어려울 수 있다.

예를 들어 만약 독서 경영을 한다면, 꼭 경영자가 독서 모임을 이끌 필요는 없다. 직급과 상관없이 누가 책에 관심이 많고 이러한 활동에 관심도가 높은지에 따라서 잘 이끌어갈 수 있는 사람을 먼저 선정해야 한다. 누가 책임자가 되고 어떤 사람이 지도해 가느냐에 따라서 학습의 효율은 천차만별로 달라질 수 있다. 책리스트 역시 처음에는 톱다운으로 정할 수 있겠지만, 차츰 직원들이 읽고 싶은 책 목록을 받아서 자율적으로 선정하는 방향으로 바꾸어 가는 것을 권장한다. 주관은 자율적으로 하되 월 1회, 반나절 정도 오피셜하게 일정에 넣어 해당 활동에 집중할 수 있도록 하는 것도 방법이다. 또 읽은 책과 관련한 전문가 강의를 주최하거나 컨퍼런스에 참여하는 등 다양한 활동을 병행하면 좋을 것이다. 회사에 따라 방법은 달라질 수 있지만, 이런 활동을 할 때도 업무 시간 내에 진행하여 직원들의 개인 시간을 보장하는 것이 중요하다.

또 조직 학습을 진행하다 보면 적극적으로 지식을 받아들이고 또 활용하는 사람들도 있을 것이다. 경영 서적에서 전달하는 원리와 지식을 바탕으로 회사에 맞게 새로운 아이디어를 창출하면 그만큼 생산성이 오를 수 있는데, 그에 따른 보상도 병행되는 것이 좋다. 이러한 자원에 대해서 회사에서 충분한 지원도 이루어져야 한다. 책을 구입할 때도 최소한 30~60% 정도는 지원해 주는 것이다. 즉 자원에 대한 지원, 업무 시간에 대한 보장, 그리고 필요에 따라서 학습 후에 일에 적용하여 생산성이 증가하였을 때에는 포상과 보상까지도 이루어지는 것이 조직 학습을 독려할 수 있는 방법이다.

그 외에 인사 업무를 다루는 부서에서 일하는 직원들의 경우는 학습을 위해 1년에 국내 컨퍼런스를 두 번 이상 참석하고 1년에 한 번씩은 해외에도 참석하는 식으로 기준을 만드는 것도 좋다. 그래야 전 세계 글로벌 기업들의 인사의 흐름도 알고 전문가들과의 인적 네트워크도 형성할 수 있다. 이때 정확한 기준이 없으면 그때 상황에 따라 흐지부지되거나 놓칠 수 있기 때문에 꾸준히 실행하기 위해서는 그 횟수나 기준을 일정에 포함시켜 공식화하는 것을 권한다. 비저닝 작업에서 인재 경영을 어떻게 할지 정리했다면 그것을 로드맵과 매년 경영 계획에 반영하여 실행할 때 각 조직의 비전을 완성할 수 있을 것이다.

최근 MZ세대가 회사에 입사한 이후 1년 이내 관두는 비율이 30%가량이라고 한다. 기성세대와 달리 MZ세대에서는 퇴사를 불안하게 여기는 것이 아니라 오히려 자유와 해방으로 여기는 문화가 형성되고 있다는 것이다. 때문에 기업들도 일하기 좋은 직장을 만들기 위한 다방면의 고민을 하고 있다. 중요한 것은 인간은 결국 자신이 하는 일에서 의미를 찾고 싶어 한다는 점이다. 단순히 취업에 의미를 두기보다는 자신이 하는 일에서 의미와 성취를 느낄 수 있을 때 일에 몰두하는 경향이 강해진다고 본다. 즉 최근 인재가 중소기업을 떠나는 이유는 일반적으로 생각하는 연봉이나 복지 등의 이유가 아니라, 자기 발전의 기회나 그에 따른 꿈과 희망이 없기 때문이다. 고용노동부의 분석에 따르면 중소기업 직원의 급여는 대기업의 67%, 퇴직금은 55%인 데 반해 교육 훈련비는 17%에 불과하다고 한다.

특히 30인 미만 중소기업이 종업원을 위해 투자하는 1인당 월 교육 훈련비는 3,400원으로 커피 한 잔 값도 안 된다. 회사의 생산성은 직원의 성장과 관련되어 있는데, 중소기업의 리더들은 성과에 대한 욕심은 있으나 이를 어떻게 만들어 낼지에 대한 지혜가 부족하다. 회사의 성장은 직원들의 성장과 비례한다. 그런 만큼 중소기업의 리더들은 직원을 성장시켜 조직의 미래도 튼튼히 하고, 성장의 필수 공식을 만들 필요가 있다. 내가 조직의 대표이사로 있을 때 인재경영의 목표가 직원들의 성장을 위해 가장 많은 돈을 사용하고, 교육에 가장 많은 시간을 투자하는 것이었다. 그리고 실제 그 결과로 회사에서도 좋은 성과를 창출하였으며, 직원들의 성장도 이끌어낸 경험이 있다.

개인이 성장하는 유일한 방법

개인 차원에서도 성장을 위해 꾸준히 학습하는 것이 두말할 것 없이 중요하다. 물론 개인 학습의 방향은 자신의 취향과 인생의 목표 등에 따라서 달라질 것이다. 다만 조직 생활을 한다면 하루의 절반가량을 회사에서 보내는 만큼 이와 관련해 어느 정도 시간 투자를 하는 것을 권한다. 개인적으로 좋아하는 문학이나 예술 분야의 책을 읽는 것도 좋겠지만, 조직과 관련된 경영서 비율도 30~50% 정도 갖추는 것이 일에 있어서 성과도 낼 수 있고, 앞으로의 성장에도 도움이 된다.

"Challenge Change Chance" 도전하면 기회가 생기고, 기회를 통해 내 삶은 변화한다고 한다. 일을 잘하고 성과를 향상시키기 위해서는 내가 주어진 시간을 어떻게 보내고 있는지, 정확히 미래를 위해 투자하고 있는 비중은 어느 정도인지를 스스로 알아야 한다. 하루 종일 열심히 일하는 것 같은데, 사실 불필요하게 낭비하는 영역이 있을 수 있다. 내가 할 수 있는 강점에 투자하며 성과를 낼 수 있는 영역에 우선순위를 두고 집중할 수 있어야 한다. 자신에게 몇 가지 질문을 던져보자.

– 나는 20년 뒤에 어떻게 되고 싶은가?
– 이것을 위해 지금 내가 할 일은 무엇인가?

‒ 지금 맡은 일에 있어 나의 과업은 무엇인가?

‒ 근무 시간 중 과업과 일치하게 사용하는 것은 몇 %인가?

그리고 나의 20대부터 60대까지 공부, 자기계발, 가정, 사회적 영역 등 각각의 목표를 세운다. 중요한 것은 그 목표를 시각화해 보는 것이다. 생각만 막연하게 하는 것과 글로 써서 직접 눈으로 확인하는 것은 다르다. 경영자에게 필요한 역량은 기회와 시기를 알아보는 눈이다.

조직에서 5년, 10년이 지났을 때 자신의 모습을 떠올려 보자. 누구나 자신의 위치에서 충분한 역할을 하며 후배들에게 존경받고 조언할 수 있는 선배이자 리더의 모습을 바랄 것이다. 그렇다면 업무에 대한 지식은 기본이고, 문제 해결 능력이나 소통 능력, 팀을 발전시킬 수 있는 능력, 또한 지혜를 전달해줄 수 있는 능력도 갖추어야 한다. 위폐 감정사는 진짜를 계속 보다 보니 가짜를 알아챌 수 있다고 한다. 그만큼 완전히 습득하고 암기해야 온전한 '내 것'으로 소화되고 고유한 능력을 갖추게 된다. 일하는 동안 점차 학습하고 성장한다면 완벽한 정답을 줄 수는 없더라도 정답에 가까운 근사치를 제공하는 리더의 자질을 갖출 것이다.

보통 40대 중반쯤 되면 조직에서 중간 간부가 되는 경우가 많다. 그런데 공부를 계속하고 발전하지 않는다면 오히려 조직을 정체시키는 인물이 되기 쉽다. 자신의 지식이나 경험에 한정되어 새로운 것을 받아들이지 못하고, 뛰어난 직원들이 나타났을 때 격려하고 방향을 이끌어 주기보다는 오히려 반대하거나 방해할 수 있기 때문이다. 흔히 말하는 '라떼'가 되는 것이다. 자신이 하던 방식을 고집하고 유연성이 떨어지면 후배들의 입장에서는 결국 꼰대가 된다. 단순히 개인의 정체에서 끝나는 것이 아니라, 점점 좋은 인재를 받아들이지 못하다 보니 회사 차원에서도 발전이 더뎌진다. 결국 꾸준히 학습하지 않으면 일에서 성과를 내기 어렵고, 조직의 방해꾼이 되다가 점차 내가 속한 조직 전체도 쇠퇴할 확률이 높아지는 것이다.

나 역시 지금까지도 매일 책을 읽고 전문가와 대화하며 지식을 확장하려고 노력한다. 인간은 공부하지 않으면 성장할 방법이 없고, 개개인의 성장은 궁극적으로 사회에 대한 기여로 이어지기 때문이다. 90점에 만족하지 않고 100점이 되도록 노력해야 시행착오를 겪지 않는 솔루션을 만들 수 있다. 그래서 인간은 죽을 때까지 학습해야 하는 것이다.

남들이 9 to 6로 일할 때 하루에 한두 시간만 더 공부에 투자하면 그게 1년, 2년이 쌓였을 때 성장 속도는 완전히 달라진다. 그런데 알면서도 90%의 사람들이 그렇게 하지 않는다. 요즘 사회적 환경이 어렵고 미래에 대한 막막함을 느끼는 것은 이해하지만, 그렇다고 항상 루틴하게만 일해서는 내 앞에 놓인 가능성의 경우의 수가 적어진다. 반대로 회사에서 필요로 하는 일이 생겼을 때 맡길 수 있을 만큼 역량을 키우면 그때는 훨씬 더 많은 가능성과 기회가 열린다. 회사에서 요청하는 일을 잘 해내는 것도 중요하지만, 내가 조금 더 주도적으로 성장 기회를 찾아 나선다면 생각 이상으로 넓은 세계가 열린다. 프로젝트에도 참여할 기회가 있다면 반드시 참여해 보기를 권한다. 성과 없이 편안한 프로젝트 팀보다는 단기간 동안 고생을 하더라도 배울 게 있고 성과를 내는 팀에 참여해 보는 것이 좋다. 이러한 경험의 유무가 그 사람의 미래를 결정할 수도 있기 때문이다.

내가 여러 기업 등에 강의를 가면 아무리 좋은 이야기를 해도 한순간의 감정적인 만족으로 끝나 버리는 느낌이 들 때가 많다. 적극적이고 간절한 마음이 있다면 전문가가 연결되었을 때 정말 큰 도움을 받을 수 있을 텐데, 어떤 계기나 기회를 잡아서 나아가려는 적극성이 없는 것이 아쉽게 느껴진다. 공짜로 나눠주는 책조차 잘 보지 않는다. 반면 내가 모르는 영역에 대해 배우고자 하는 열망이 있어서 적극적으로 움직이는 사람은 당연히 더 빠르게 성장한다. SNS를 통해 탁월한 분야의 전문가들과 교류할 수도 있고, 강의를 듣고 인연을 맺어 도움이 필요할 때는 요청을 할 수도 있을 것이고, 필요한 부분에 대해 적극적으로 캐치하고 지속적으로 성장 동력으로 삼을 수도 있을 것이다.

현실이 힘들다 보니 미래에 대한 기대가 없어 무력해지는 경우가 많은데, 부모가 훌륭하지 않아도 훌륭한 자녀가 나올 수 있다. 난세에 영웅이 나온다고 하듯, 중국에서 현명한 자들이 가장 많이 등장한 것은 춘추전국시대. 어떤 문제의 책임을 밖으로 돌리기보다 나 자신이 먼저 변하고 주도적으로 길을 찾는다면 분명 더 나은 미래를 기대할 수 있게 될 것이다. 모든 문제의 원인을 나에게로 돌릴 수 있는 사람은 그 문제에 대한 답을 찾을 가능성이 크고, 피드백을 통해 미래의 가능성을 점점 더 키울 수 있다.

2년, 리뉴얼이 필요한 시기

아무리 좋은 것이라도 언제나 완전할 수는 없다. 내가 하는 비즈니스의 현재 상황이 좋다고 해도 비즈니스의 상품, 콘텐츠, 서비스, 심지어 일하는 프로세스조차 2년 정도 지나면 시대의 흐름과 고객의 니즈에 맞지 않을 수 있다. 그래서 2년에 한 번은 리뉴얼을 해야 하고, 4년이 지나면 완전히 리셋을 해야 한다. 리셋은 완전히 새로운 개념으로 뜯어고쳐야 한다는 의미다. 물론 한꺼번에 바꾸기는 어렵기 때문에 차근차근 준비해서 바꿔 나가는 것이 좋다. 이러한 개념 없이 4, 5년 이상 같은 것을 지속하면 정체되어 성장이 멈추거나 오히려 하락세에 접어든다.

그래서 나는 함께 공부하는 기업 대표들에게도 매년 새로운 상품과 서비스를 위해 자원의 10~30%는 투자해야 한다고 강조한다. 사업의 존폐와는 거리가 먼 자원을 제한적으로 투자하면서도 동시에 미래의 성장 동력을 위한 토대를 준비할 수 있기 때문이다. 실제로는 대부분의 중소기업 대표들이 새로운 것에 투자하기를 주저하고, 매번 하던 방식대로 익숙한 일에만 집중하는 경우가 많다. 하지만 그러다 보면 새로운 경쟁자가 나타나고, 고객과의 접점에서 지속적으로 리스크가 발생할 수 있기 때문에 일부러라도 의지를 가지고 새로운 분야에 도전하기를 권유한다.

와해성 기술혁신이라는 개념은, 고객에게 새로운 가치를 제공함으로써 산업 지도와 업계 판도를 일시에 바꾸는 혁신적인 기술을 말한다. 기존 고객이 요구하는 성능을 충족시키지는 못하지만, 전혀 다른 성능을 원하는 새로운 고객의 요구를 충족시킴으로써 시장을 넓히고 또한 동일 시장에서 경쟁 우위를 가질 수 있다. 존속성 기술에만 주력하면서 와해성 기술을 간과하면 기존의 자리에서 더 나아가지 못하고 시간이 지나면 결국 변화한 시장 경쟁에서 밀린다. 실제로 시어스, 코닥, IBM 등 한때 세계 시장을 이끌어가던 초우량 기업들이 후발 기업에게 밀리게 된 사례를 보면 미래에 대한 준비가 부족했기 때문이다. 할인 판매점이 등장해서 시어스를 밀어냈고, 코닥은 디지털 카메라의 등장에 대비하지 못했으며, IBM은 개인 PC의 등장을 간과했다. 이들뿐 아니라 500대 기업의 평균 존속연수를 연구한 맥킨지 컨설팅 보고서에 따르면, 향후 25년 후에도 생존할 기업은 오늘날 주요 기업의 3분의 1에 불과하다고 전망한다.

끊임없이 연구하고 도전해서 시행착오를 거치더라도 그로 인해 새로운 가치를 창출해 미래 시장에 대비해야 한다는 뜻이다. 와해성 기술은 비록 현재 기술력이 떨어지는 기업이더라도 이후 선도 기업을 꺾을 수 있는 역전의 기회를 제공한다. 그리고 이러한 와해성 기술 혁신의 수혜자가 되기 위해서는 아이디어가 자유롭게 창출되는 적극적인 기업 문화를 만드는 동시에, 지속적으로 새로운 사업 모델을 테스트해야 한다. 그 와중에 혁신적인 아이디어와 성장 모델을 찾아가고, 한 발 앞서 새로운 기술의 시장을 준비할 수 있을 것이다.[1]

경쟁에 대비하는 3호라이즌

어떤 분야든 경영을 하다 보면 보통 '전개−성장−성숙−쇠퇴'의 과정을 밟는다. 쇠퇴하지 않고 지속적으로 발전해 나가기 위해서는 어떻게 해야 할까. 단계별로 나아가는 동안에 그 다음 성장 동력과 미래성장의 시드Seed를 준비하는 3호라이즌3Horizons의 개념을 가져야 한다. 이를테면 '성장'과 '성숙'을 지날 때가 아닌 비

즈니스 전개 단계에서 그다음 두 단계의 성장 동력을 준비하는 것이다.[2]

예를 들어 의정부에 위치한 치킨집 하나가 대박이 났다고 하자. 그러면 그 소문을 듣고, 이내 그 주변에 치킨집들이 우후죽순 생겨난다. 그런데 새로운 경쟁자들은 이전에 원래 있었던 치킨집보다 조금이라도 더 좋고 더 새로운 것을 추가한 치킨으로 시작하기 마련이다. 그렇다면 기존에 있던 치킨집은 어떻게 될까? 먼저 장사를 시작했지만 그대로 변화 없이 머물러 있다면 점차 경쟁에서 밀려날 수밖에 없을 것이다. 대부분의 치킨집이나 카페들이 하나의 아이템으로 승부를 걸기에 벌어지는 일이다. 비즈니스에서 비교 우위나 절대 우위가 없으면 금방 망할 수 있다는 사실을 간과하고 사업을 시작하면 필연적으로 이런 상황에 처한다.

실제로 우리나라에 카페나 와인 숍이 점점 많아지고 있는데, 진입 장벽이 낮은 만큼이나 경쟁도 상당히 치열하다. 오픈하는 지점만큼이나 폐업하는 곳도 많다. KB금융지주 경영연구소에서 발표한 〈커피전문점 현황 및 시장 여건 분석 보고서〉에 따르면, 2018년 기준으로 영업 기간 3년을 채우지 못하고 폐업하는 매장이 52%나 됐다고 한다. 애초에 창업할 때부터 그 이후의 성장과 경쟁까지 미리 대비하지 않으면 지속적으로 살아남기 어려울 수밖에 없다.

3호라이즌 개념을 적용하자면, 시작할 때 이미 그다음 아이템을 준비해야 한다. 경쟁에서 밀리지 않기 위해서 그 다음 3단계로 미리 시드를 뿌리는 것이다. 경쟁자가 나타날 경우에도 준비한 다음 성장 동력을 이용하여 새로운 진입장벽을 스스로 만들 필요가 있다. 그래서 결과적으로 비교 우위 이상의 절대 우위를 차지해야 경쟁에서 밀리지 않고 꾸준한 성장으로 이어질 수 있다.

카페를 예로 들자면, 프랜차이즈 카페가 아닌 신생 카페의 경우 음료의 종류, 직원 운영, 서비스까지 해결해야 하는 일이 한두 가지가 아니다. 이때 일단은 표준화가 잘 되는 것이 가장 우선이다. 카페 운영의 요소를 완벽하게 컨트롤하고 균일하게 유지할 수 있는 관리 시스템을 갖추어야 하는 것이다. 그런데 철저한 준비와 분석이 없이 진입장벽이 낮다는 이유로 카페를 오픈하면 효율적인 시스템과 충분한 전문성이 없는 경우가 대부분이다. 이 문제를 해결할 방법에 대해서 치열한 고민이 필요하다. 대부분 자영업 카페는 음료 종류만 많다. 여름에 카페에서 주문을 할 경우 음료가 나오는 데 많은 대기 시간이 걸려 고객이 불편을 겪기도 한다. 메뉴 중에도 특출나게 맛있는 음료가 한두 가지는 정착되어 있을 필요가 있다. 음료 개수만 많고 수시로 메뉴가 바뀌다 보면 직원들이 음료를 제조하는 데 서툴러 시간이 많이 소요되고 정작 고객 서비스에는 신경 쓸 여력이 없다는 것도 문제다. 차라리 음료의 수를 10가지 이내로 줄여 일하는 직원들이 편하게 음료를 만들 수 있게 하고, 특화된 메뉴 한두 개를 개발하는 편이 카페의 경쟁력을 확보하는 방법일 것이다.

무엇보다 표준화된 시스템을 갖춘 후에는 어떤 식으로든 차별화를 꾀해야 한다. 아무리 카페를 훌륭하게 운영해도 주변에는 경쟁자가 생기기 마련이다. 여기에서 최고의 원두를 쓴다거나, 맛이나 혹은 가성비가 훌륭하거나, 서비스가 최고 수준에 이르는 것 중에서 하나라도 확실하면 고객들은 반응한다. 그런데 근처에 새로운 매장이 들어서도 문제없이 경쟁에서 이길 수 있는 비장의 메뉴나 서비스 차별화 등을 갖추고 있는 곳이 서울 시내 전체를 둘러봐도 손에 꼽을 만큼 숫자가 적다. 그래서 대부분의 카페들이 적자 상태로 운영을 하다가 시간이 지나면 매장 자체가 진부해지며 폐업의 수순으로 가는 경우를 많이 본다. 하나의 성공 아이템만으로 생존할 수 있는 유효기간은 2년이 넘지 않는다. 끊임없이 고객 관점에서 변화해야만 생존할 수 있다는 사실을 자각해야 한다.

예전에 다니던 회사에서 기존에 있던 사내 식당이 외부 문제로 철수하게 되어 내가 직접 회사의 조식을 담당하게 되었을 때의 일이다. 조식에 대한 불만이 있어 다양한 아이디어를 내었지만 쉽게 해결이 되지 않았다. 그래서 우선 직원들에게 기본적인 음식에 대한 의견을 물었고, 당시 청년들에게 인기 있는 지역의 음식도 전부 조사했다. 그렇게 직원들이 원하는 메뉴로 음식을 세팅했지만 시간이 지나면서 음식의 맛이 진부해지고 만족도도 떨어졌다. 그래서 3개월 단위로 직원들에게 음식에 대한 평가를 받았고, 음식에 대해 잘 알거나 제안을 할 수 있는 맛 평가단을 운영하여 시즌별로 음식을 계속 업데이트해 나갔다. 베이직하고 선호도가 높은 음식은 계속 운영하지만 직원들의 평가가 낮거나 새로운 요구가 있을 경우는 계속 직원들의 의견을 반영해 변경했다. 매월 수십 종의 음식을 자체 평가하며 평가단과 상의해 개선하는 방식을 통해, 필요에 따라 수시로 업데이트하거나 구조적인 업그레이드를 병행한 것이다.

그런 형태로 운영을 하다 보니 1년이면 음식의 50% 정도가 바뀌는 시스템이 만들어졌다. 5시에서 6시에 출근하는 직원들을 위해서는 별도의 지원 구조도 만들었고, 추운 겨울에는 음식들을 온장고에 보관하여 출근 시에 찬 음식을 먹지 않도록 준비했다. 심지어 햄버거를 먹고 싶다는 직원들을 위해 일주일에 1회는 햄버거를 선택할 수 있는 쿠폰을 준비하기도 했다. 또한, 아침 7시경 출근하는 직원들이 한꺼번에 몰려 배식 현장에 대기가 길어질 때가 있어 3개월 이상의 프로젝트를 통해 이러한 구조를 해결했다. 결국 고객에게 선택받고 지속 가능한 구조를 만드는 것은 현장에서 고객의 소리를 듣고, 이 문제를 해결하기 위해 끊임없이 고민해야 가능한 일이다. 주기적으로 노력해야만 고객이 원하는 시스템을 만들 수 있다는 것을 꼭 기억해야 한다.

경쟁에서 살아남기 위해서는 현재에 머무르지 않고 다음 단계의 스텝까지 미리 계획하고 대비하며 성장 기회를 지속적으로 만들어가야 한다. 그래야만 성공적인 경영이라고 할 수 있으며, 그 방법을 찾는 과정이 결국 비즈니스인 셈이다.

경험이 오히려 장애가 될 수 있다

최근 시장 변화가 매우 빠르고 고객 니즈도 폭발적으로 다양해지고 있다. 실질적인 기술도 끊임없이 변화하는 추세다. 그 가운데 내가 가지고 있는 지식과 경험은 얼마나 유효할까. 보통 어떤 사안에 대해 판단할 때에는 자신의 경험에 비추어 결론을 내리기 쉬운데, 내가 가지고 있는 경험은 이미 어제의 것이라는 점을 간과하지 않아야 한다. '나 때는 이랬다'는 경험을 많이 이야기할수록 발전보다는 낡은 사고에 갇히게 될 수 있다. 즉 경험이 오히려 삶의 장애물이 될 수도 있다는 것이다. 과거의 영광에 머물 것인가 미래의 영광을 택할 것인가? 경험에 머무는 것이 아니라 계속해서 학습하고 변화하며 발전해 나가야 한다. 물론 경험이 쓸모없다는 것은 아니다. 다만 경험을 그대로 적용하는 것이 아니라, 함께하는 조직원들을 돕는 데 지식과 지혜로 녹여내어 문제를 해결할 수 있도록 해야 한다는 것이다. 더불어 항상 새로운 것을 받아들일 수 있는 오픈된 마인드와 유연한 사고가 필요하다.

특히 자신이 알고 있는 것을 굽힐 때 나도 모르게 발현될 수 있는 자존심 그리고 고집을 경계해야 한다. 자존심과 자존감은 다르다. 자존감이란 삶의 경험이나 가치관을 통해 마인드 자체가 긍정적으로 정리되어 자기를 존중하는 마음이다. 자존감은 물이나 흙과 같아서 어떤 곳에 가든 어울릴 수 있고 어떤 모양으로든 바뀔 수 있는 유연함을 가지고 있다. 반면 자존심과 고집은 유연성이 부족하다는 면에서 비슷한 부분이 있다. 남에게 굽히지 않으려는 자존심이 극단적인 수준에 이른 것이 고집이라고 볼 수 있다. 그런데 현대 사회는 매우 변화무쌍하기 때문에 이러한 마인드로는 살아남기 어렵다.

유연성은 자존감에서 출발한다. 그리고 자신의 역량과 지혜가 갖춰져 있을 때 품위가 높아진다. 간혹 아무것도 아닌 일로도 극단적으로 고집을 부리는 경우가 있는데, 자존감이 낮은 사람은 유연하지 못하고 자신의 주장을 쉽게 굽히려 하지 않는 경우가 많다. 낮추는 것이 이기는 것인데, 그것을 모르니 굽힐 줄 모르다 부러지는 경우를 자주 본다.

심리학자 로버트 카츠^{Robert Katz}는 관리자에게 필요한 능력을 크게 3가지로 이야기했다. 고유한 기술을 갖추는 능력인 테크니컬 Technical 스킬, 사람을 대할 때 긍정적인 영향을 주고받고 유연하게 갈등을 해결하는 휴먼Human 스킬, 그리고 현상의 본질을 파악하고 상황에 맞게 대응하는 컨셉추얼Conceptual 스킬이다. 직급이 올라갈수록 기술보다는 대인관계가, 또 전체적인 관점과 상황에 맞는 유연성이 중요한 역량으로 꼽힌다.

나이가 들수록 사람들이 유연성이 떨어지는 경우가 많은데, 불필요한 순간에 자신의 경험을 내세우며 자존심을 세우는 것은 아무 도움이 되지 않는다. 내가 알고 있는 가장 좋은 전략이 있더라도, 가장 좋은 퍼포먼스를 내기 위해서는 상황에 따라서 다르게 적용해야 한다. 때로는 다른 사람의 경험과 역량도 인정하고 받아들일 줄 알아야 한다. 자신의 경험을 단적으로 들이미는 것은 그저 과거를 되풀이하는 행위에 불과할 수 있다.

1. 클레이튼 크리스텐슨, 《성공 기업의 딜레마》, 노부호, 모색, 1999
2. 머다드 바가이 외 2명, 《맥킨지 성장의 묘약》, FKI미디어, 2000

4.
퍼포먼스를
만들어라

생산성을 올리는 조직 문화

일부 경영학자들은 기업 문화가 전략보다 더 생산성을 올린다고 이야기한다. 그만큼 기업 문화는 중요하지만, 그렇다고 이를 강제해서는 안 된다. 강제하면 문화가 아니라 한순간의 이벤트가 되어버리고, 이벤트는 지속되기 어렵다. 조직의 문화는 어떤 방식이 우리에게 가장 잘 맞는지 고민하고, 테스트해 보고, 지속적으로 적용할 수 있는 방법을 찾는 것이 중요하다.

기업의 입장에서 직원은 크게 3부류로 나뉜다. 퇴사를 알릴 경우 회사의 대표나 리더가 결사적으로 퇴사를 막는 직원, 조금 아쉽지만 인위적으로 퇴사를 막을 생각은 없는 직원, 그리고 오히려 싫던 이가 빠진 것처럼 퇴사를 반기게 되는 직원이다. 회사 입장에서는 에이스 비율을 유지하는 것이 매우 중요하다. 최근 퇴사의 주 원인으로는 매력적이지 않고 꼰대 같은 상사, 미래 비전과 성장 가능성이 없는 조직, 일한 것보다 불충분한 복지와 급여, 꽉 막히고 일방적인 의사 결정 문화 등이 꼽히고 있다. 인재들이 떠나지 않을 만한 매력적인 조건을 갖추어야 이들과 미래를 그려 나갈 수 있을 것이다. 이를 위해서는 직원을 고객과 같이 대하고, 직원 중심의 환경과 문화를 만들며, 유연한 소통과 팀 빌딩 문화를 유지해야 한다.

조직 문화는 조직에 대한 정체성을 부여하며, 구성원들의 목표 달성을 향한 몰입도를 높이고, 결속감을 통해 조직을 안정적으로 만드는 역할을 한다. 조직 문화를 바꿔 나가는 데 구성원의 의견을 듣는 것도 중요하지만 실질적으로 제도와 환경을 통해 변화의 지지대가 갖춰져야 한다. 이 역시 좋은 조직 문화를 만들기 위한 경영자의 노력이 필요한 부분이다.

조직 문화에 필요한 3요소

조직 문화는 조직마다 다양하고, 또 다루어야 할 범위도 넓기 때문에 혁신에 대한 의지가 있다고 해도 다소 막연하게 느껴질 수 있겠다. 우선적으로 조직 문화를 긍정적으로 바꿔나가는 데 가장 근본적으로 필요한 3가지 요소를 꼽아보자면 경청하는 습관, 유연성, 그리고 피드백이다. 조직에서 나와 다른 것을 받아들이지 않고 고집 부리는 것만큼 스스로를 고립시키는 일이 없다. 경청과 유연성, 피드백은 모두 바람직한 소통의 수단이라고도 할 수 있다. 서로 긍정적인 영향을 주고받으며 함께 성장하기 위해서는 이 3가지 요소를 기억하고 몸에 익히는 것을 권한다.

우선 신입이든 리더든, 의사 결정하는 일의 크기가 다를 뿐 그 소통의 본질은 기본적으로 동일하다. 함께 일하는 동료나 직원뿐 아니라 협력사, 고객의 이야기까지도 귀 기울여 듣고 소통하는 경청의 자세를 가져야 한다. 귀를 닫고 대화하는 사람은 자신의 세상 바깥에 존재하는 가능성을 결코 보지 못한다. 무엇보다 '잘 듣는 것'은 상대방의 마음을 얻는 가장 쉽고 빠른 방법 중의 하나이기도 하다.

결국 조직 문화는 그 자체가 곧 사람 사이의 소통을 기반으로 성립된다. 그래서 조직에서 소통을 할 때 가장 안 좋은 부하 직원은 바로 상사를 깜짝 놀라게 하는 사람이다. 애초에 협의된 방향성이 없었거나 사전에 공유된 내용이 없었다면 상사 입장에서는 당황스럽고 때로는 엉뚱한 결과물에 깜짝 놀라게 될 가능성이 높다. 사전에 일의 방향에 대해 소통하는 것은 물론이고, 이후에도 각각의 단계에 대한 중간 소통이 이루어져야 하기 때문이다. 간혹 요즘 젊은 직원들 중에는 자신의 생각이 완벽하다고 여기고 혼자서 처음부터 끝까지 일을 진행한 뒤에야 결과를 통보하는 경우들이 있다. 또한 일부는 소통 없이 결과만을 중시하는 사례도 보인다. 하지만 이런 상황에 조직에서는 그 결과에 대해 인정하거나 칭찬하기 어렵다.

소통에서 보고와 통보는 전혀 다르다. 보고는 부하 직원이 일을 할 때 상사에게 일에 대한 방향이나 진행 상황에 대해 단계별로 논의하는 것이다. 반대로 통보는 상사가 부하에게 톱다운 방식으로 전달하는 경우다. 부하가 아무런 논의 없이 일방적으로 통지했을 때, 결국 그 일에 대한 책임은 상사가 더 크게 져야 할 확률이 높다. 조직에서 올바른 소통 문화는 그 조직의 분위기부터 성과까지 영향을 미치는 요인이다. 충분히 서로의 의견을 논의하고 경청하며 공감할 수 있어야 팀으로서의 시너지로 이어질 수 있다.

서로에 대한 경청만큼이나 유연한 소통 방식도 중요하다. 상사의 입장에서도 마찬가지로 자신의 경험과 가치관에 한정되어 고집부리지 않는 유연성이 있어야 더 많은 가능성을 접하고 나아갈 수 있다는 점을 기억해야 한다. 만약 리더가 부족한 부분이 있더라도 지혜롭다면 참모의 말을 경청하고 유연하게 대처하며 이를 통해 리스크를 줄일 수 있을 것이다.

마지막으로 피드백은 잘못된 프로그램을 갈아 끼우는 것이다. 우리가 어떤 일을 10년 동안 했다고 해도, 피드백이 전혀 없다면 똑같은 하루를 10년 동안 반복한 것밖에 되지 않는다. 10년 동안 제자리에 머물러 있지 않으려면 그동안 계속해서 자신의 잘못된 것을 바꾸고 더 나은 방법을 찾으며 에너지를 투자해야 한다. 개인의 성장 부분뿐만 아니라 조직 내에서 기존의 나쁜 관습을 깨기 위해서도 경청과 피드백이라는 장치가 필요하다. 나 역시 아직까지도 끊임없이 나를 돌아보며 반성하고 개선하고자 하는 노력을 계속하고 있다. 이러한 과정을 통해 우리는 10년을 일해도 제자리에 머무는 것이 아니라 오늘보다 내일이 더 나은 사람이 될 수 있다. 서로의 이야기를 경청하고 피드백하는 문화가 정착되는 것은 개인의 성장은 물론이고 훌륭한 조직 문화를 만들어가는 치트키라고도 볼 수 있을 것이다.

때로는 정치를 하라

이전에 새로 조직을 맡고 3년쯤 지났을 무렵, 최고 경영자가 참여한 자리에서 3분가량 경영자로서 그동안의 성과나 경과를 이야기하는 자리가 있었다. 그때 본격적인 발표에 앞서 PPT에 이런 문구를 띄웠다.

"○○(해당 조직)으로 이동할 때 아내에게 1년만 회사와 사는 것을 허락받았다."

그만큼 회사에 대한 집중도와 충성도를 보여주려는 의도가 담긴 문구다. 이것을 일종의 '쇼'라고 할 수도 있을 것이다. 그런데 조직의 리더는 장기적으로는 지속 가능한 구조나 시스템을 만들어가야 하지만, 단기적인 성과도 함께 보여줘야 한다. 특히 리더가 새로 부임하게 되면 1년 이내에 성과를 내야 한다는 초조함 때문에 오히려 문제가 발생하게 되는 경우가 있다. 그런데 급하게 눈에 보이는 변화를 만드는 것만이 꼭 의미 있는 성과로 이어지는 것은 아니기 때문에, 단기적인 성과와 중장기적인 성과를 각각 고려할 필요가 있다.

단기 성과만 낸다면 당장은 성취를 보일 수 있지만 장기적으로 변화가 없어 원점에만 머무는 셈이고, 장기적인 성과에만 집중하다 보면 단기적으로 성과가 안 나서 당장은 무능하게 보일 위험도 있다. 즉, 그래서 1년 이내에는 작더라도 눈에 띌 만한 결과, 쇼Show라고 할 수 있는 성과를 보여주되, 시간이 필요한 구조적인 변화는 중장기적인 관점으로 하나씩 점진적으로 변화시켜 나가는 것도 하나의 전략이다. 단기적인 성과에만 집중하여 사상누각식 성과를 만드는 것도 아니고, 저 멀리 있는 장기적인 성과를 뜬구름처럼 좇는 것도 아니어야 한다. 즉, 단기의 성과와 중·장기적인 성과를 균형있게 추구하는 것이 좋은 경영자의 역할이라 볼 수 있다.

내가 그 자리에서 최고 경영자에게 보여준 메시지는 분명히 정치적인 것이었다. 내 옷과 맞지 않는 정치적인 스탠스일 수 있지만 조직의 수장으로서 최고 경영자에게 확실하게 눈도장을 찍어야 내가 맡고 있는 조직을 외풍에서 막을 수 있다. 물론 하나의 정치적인 메시지로 신뢰를 얻을 수는 없지만 강력한 메시지는 최고 경영자에게 확실하게 포지션될 수 있는 필요 조건 중 하나는 될 수 있기 때문이었다. 정치를 부정적으로 바라볼 수도 있겠지만 나는 때로 정치도 필요하다고 조언한다. 물론 기본적으로 실력이 없으면 안 되겠지만, 우직하게 일만 하는 것이 전부는 아니다. 때로는 문제가 생겼을 때 이를 방어하고 지켜야 할 것을 지키기 위한 생존 전략도 준비해야 한다. 여러 개의 동아줄을 준비해서 하나가 떨어지더라도 다른 걸 붙잡아 더 중요한 가치를 지켜야 한다는 것이다.

한번은 조직에 있는 경영자 중 한 분이 이런 조언을 했다. 최고 경영자가 'No'라고 할 만한 이야기는 애초에 보고하지 않는다는 것이다. 어차피 'No'라고 할 만한 이야기라면 해결되지 않고 서로 감정만 상할 것이 뻔하기 때문이다. 아니면 그 일에 따른 해결책까지 완성해서 보고한다고 한다. 어떻게 보면 그것이 리더와 신용을 쌓는 지혜로운 방식이다. 오너와 계속해서 신용이 쌓이고 퍼포먼스를 보여 주면서 충분히 관계가 형성되면 때로 작은 실수가 생겨도 크게 문제 삼지 않고 넘어가며, 자신의 의견을 개진하며 일을 추진하는 데도 자유도가 높아질 수 있다. 반대로 문제가 되는 것은 신용 잔고가 아직 쌓이지 않은 상태에서 무리한 일을 진행하는 경우다. 그럴 경우 의견을 개진하더라도 변명이나 잔머리를 쓰는 것으로 보여질 수 있다. 그러다 보면 생각만큼의 결과가 나오지 못했을 때 한순간에 신용 잔고가 바닥을 치면서 이후 자신이 생각대로 일을 하는 데 어려움이 생기기 쉽다. 어떻게 보면 다소 정치적으로 신용을 쌓아 나가는 일도 조직에서 일하는 방향에 영향을 미칠 수 있는 것이다. 신용 잔고는 -, 0, +의 세 종류가 있다. 조직 생활을 하면서 상사, 동료, 부하들과의 관계에서도 신용 잔고 법칙이 존재한다는 것 역시 기억해야 한다.

착한 사람 콤플렉스를 가진 리더와 센 언니

조직에서 리더는 일의 결과를 만들어야 하다 보니, 때로는 강하게 의견을 밀어붙여야 할 때도 있고 싫은 소리를 내거나 혹은 듣게 될 때도 있다. 그런데 간혹 착한 사람 콤플렉스가 있는 리더가 싫은 소리를 아예 듣기 싫어서 그런 상황을 피하는 경우가 생긴다. 욕을 먹기 싫어서 해야 하는 말을 하지 않거나, 아예 일을 안 하는 것이다. 그러다 보면 어쩔 수 없이 성과를 내기 어려운 상황이 된다. 그런데 조직원들 입장에서는 욕을 먹더라도 성과를 만들고 팀을 지켜주는 리더를 더욱 신뢰하고 따라갈 수 있다. 좋은 사람과 착한 사람은 다르다.

만약 리더가 마냥 착한 사람이라고 한다면, 조직 내에 기강을 잡을 수 있는 사람이 필요하다. 일종의 '센 언니' 같은 역할이다. 늘 좋은 이야기만 나누고 칭찬만 과하면 고래가 산으로 갈 수 있기 때문이다. 누군가 당근만 주는 사람이 있다면, 또 누군가는 해이해지는 것을 막고 적절한 채찍질을 할 수 있는 사람도 있어 균형을 맞추는 것이 필요하다. 물론 리더와 그 아래 관리자들이 동일한 성향을 가지고 있으면 어떤 의미에서는 마음이 편할 수도 있겠지만, 실질적으로 성과를 내는 데는 오히려 효과적이지 못할 확률이 높기 때문이다.

'센 언니'라는 건 사실상 리더 대신 싫은 소리를 들어야 하는 역할이지만, 조직 전체로 봤을 때는 오히려 누군가 그 역할을 대신해주는 것으로 리더십을 더 튼튼하게 해주는 방식이 될 수도 있다. 대신 '센 언니'에게는 그만큼의 성과와 보상도 따라와야 한다. 리더와 스태프는 서로 성향이 달라야 좋은 결과를 만들 수 있다. 리더가 저돌적인 공격형이라면 부™리더는 신중 안정형이 필요하다. 한쪽의 성향만 존재하는 조직은 리스크가 존재할 수밖에 없다. 그래서 리더는 자기와 다른 사람을 중용할 수 있어야 한다. 그래야 조직이 좋은 성과를 내고, 조직의 미래를 점점 더 키울 수 있다.

일종의 '센 언니'가 일이 잘 돌아가도록 기강을 잡는 역할을 하는 것이라면, 조직 바깥에서 조직을 평가하고 쓴소리를 해줄 수 있는 '레드 팀'을 두는 것도 좋은 방식이다. 조직에서 리더가 힘을 가지면 구성원들이 예스맨이 될 수 있는데, 그러다 보면 정확히 객관적인 시각으로 팀의 방향성을 판단하기 어려울 수 있다. 그래서 그 조직에 대해 정확하게 쓴소리를 해줄 수 있고, 비판하거나 날을 세워줄 수도 있는 존재를 경영학에서 레드 팀이라고 이야기한다. 즉 레드 팀의 미션은 기업(조직)과 CEO에게 '쓴소리(직언)'를 제공하는 그룹이다. 레드 팀은 미 육군과 정보기관에서 아군인 블루 팀의 성공과 승리를 돕는 가상의 적 개념으로 처음 운용됐다. 그러다가 점점 이 레드 팀 운용이 거둔 눈부신 성과에 주목한 아마존과 애플, 구글, 부활한 도요타에 이르기까지, 오늘날 최고 글로벌 기업들이 자사의 의사 결정 시스템에 적극 활용하고 있다.

관점을 달리하면 다른 것이 보인다. 우리 회사가 스스로를 바라보는 것과 내가 고객의 입장으로 회사를 바라보는 것은 느끼는 바가 다를 수밖에 없다. 그래서 레드 팀은 '어떤 것도 당연하게 생각하지 않는다'는 것을 전제한다. 기존에 있던 모든 개념에 의문을 던지면서, 내부가 아니라 경쟁사, 협력사, 직원, 고객 등 외부의 관점에서 문제를 바라보며 객관적인 분석을 돕는다. 리더나 이사회도 실수를 할 수 있기 때문에, 그 가운데서 놓친 부분을 발견하고 간극을 메워주는 역할을 한다고도 할 수 있겠다. '센 언니'와 다른 점은 실제로 일에 개입할 수도 있지만, 보통은 일에 참여하지 않고 외부에서 비판하고 평가하는 스탠스를 취할 수 있다는 점이다. 그래서 레드 팀은 조직의 다른 영향력이나 압력을 받지 않고 독립성을 확보할 수 있어야 한다.

조직이 성과를 내기 위해서는 항상 좋은 얼굴만 보여줄 수는 없다. 때로는 적절한 비판, 그리고 과감한 결정이 필요할 때도 있다. 리더가 그러한 역할을 할 수 없다면 그러한 인재를 적절히 배치하여 균형 잡힌 조직 문화를 만들어 가는 것도 조직이 원활하게 일하기 위해 중요한 부분이다.[1]

경영의 핵심은 사람이다

회사를 운영할 때 가장 중요한 것은 무엇보다도 인재 경영이라고 할 수 있다. 이때 경영자에게도 경영자로서 역할이 있다. 스타트업 경영자의 경우 플레이어로 직접 뛰어야 한다. 동시에 리더로서 역할은 다음과 같다. 회사의 철학을 만들고, 평가하고, 시스템을 만들어 직원들이 일하기 좋은 문화와 환경을 갖추는 것이다. 이를 위해서는 첫째, 경영자 본인이 모델이 되어야 한다. 둘째, 직원들을 섬기고 배려하고 존중하는 마음을 바탕으로 자율적인 문화를 생성해야 한다. 셋째, 변화는 항상 단계별로, 그리고 직원들 주도로 실행해야 한다. 넷째, 직원들에게 적절한 포상과 보상 등으로 사기를 올려야 한다.

직원들과 성과를 공유하는 기업의 대표적인 사례로 마이다스 IT라는 회사가 있다. 건축 엔지니어링 소프트웨어 분야에서 시장 점유율 1위를 차지하는 기업인데, 신의 직장이라 불리며 입사 경쟁률이 1000대 1이 넘는다. 그 비결은 "경영의 핵심은 사람이다."라는 기업의 철학에 있다. 인재 양성을 통해 기업의 성장을 추구한다는 철학을 기반으로 직원들이 목표를 달성했을 때 500%의 성과금을 지원하는 등 회사의 성과를 직원들과 나눈다. 또한 직원 복지를 건강, 주거, 교육 등 각 분야마다 최고 수준으로 제공한다. 그 예로 매달 호텔에서의 가족 식사권을 제공하고, 직계 가족까지 병원비를 1천만 원까지 지원하기도 한다. 회사 근로자 복지기금인 '행복기금'을 최대 주주로 만드는 것이 계획이라고 한다. 자연히 퇴사율이 매우 낮고, 누가 시키지 않아도 직원들 스스로 주인 의식을 가지고 일하는 분위기다.

우리가 주인 의식을 가지고 열심히 일할 수 있는 순간은 언제인지 생각해 보자. 바로 그 일이 내 것이거나, 혹은 내가 참여했을 때다. 회사에 아무리 훌륭한 비전이 있더라도 내가 참여해서 결정한 것이 아니라 대표이사가 혼자 결정해 만든 것이라면 아무도 관심을 갖지 않을 수밖에 없다. 반대로 회사의 비전이 나의 비전이라고 생각할 수 있다면 그만큼 일에 대한 몰입도는 자연히 올라갈 것이다.

내가 코칭하는 몇 개의 회사 대표들에게 제안한 내용이 직원들에게 매년 주식 일부를 나눠주자는 것이었다. 이는 미국 기업을 따온 것인데 구글, 엔비디아 같은 미국 일부 글로벌 기업에서는 매년 인사 평가를 하여 C급 평가를 받은 직원을 제외한 나머지 전직원에게 주식을 공급한다. 그러다 보니 직급이나 직책이 높아질수록 어느 시점이 되면 급여보다 주식으로 받는 금액이 더 커진다. 일하고 회사가 성장하는 만큼 금전적인 보상이 돌아오는 구조다. 좋은 인재가 있다면 그들에게 혜택을 주고 함께 성장하는 문화를 만들어야 하기 때문에, 전사원 지주제를 운영하여 회사의 수익을 공평하게 분배하는 것이 결국 회사가 성장하는 길이라고 보는 것이다.

직원을 존중하고 사랑하는 기업은 그만큼 직원에게 열정과 사명으로 보답받는다. 서로가 일방적으로 바라기만 하는 관계는 건

강하게 지속되지 않는다. 직원들은 기업의 철학에 공감하며 성과를 내고, 기업에서는 직원들의 성장을 지원하고 보답하는 선순환이 이루어질 때 서로가 윈윈하고 궁극적으로 사회에도 의미 있는 가치를 남길 수 있을 것이다.

1. 브라이스 호프먼, 《레드 팀을 만들어라》, 한정훈, 토네이도, 2018

4장

무엇을
남길
것인가

1.
시장을 관찰하고
고객을 사로잡아라

언맷 니즈까지 찾아야 한다

기업 입장에서 비즈니스를 할 때는 소비자가 원하는 제품이나 서비스를 제공하는 것이 가장 기본이다. 하지만 빅데이터나 스몰 데이터의 해석과 적용만으로는 고객의 필요성이나 트렌드의 흐름을 파악하는 데 놓치는 사각지대가 생길 수 있다. 그래서 비즈니스를 할 때에는 스스로 고객이 되어보고, 고객을 만나 이야기를 나누고 행동을 세밀히 관찰하면서 살아 있는 혁신의 단서를 발견하고 시장에서 증명해야 한다. 특히 소비자 스스로 원하는 것을 정확하게 표현하지 못하는 그 잠재적인 니즈를 '언맷 니즈 Unmet needs'라고 한다. 충족되지 않은 니즈는 고객의 진짜 니즈요,

고객도 모르는 니즈라 할 수 있다.

대표적인 사례로 UN에서 인도의 마하라슈트라 지역에 우물을 만들어준 일이 있었다. 당시 마을에 사는 여성들이 거의 10km 이상을 걸어서 물을 길어와야 하는 환경이었기에, 이를 개선하기 위해서 UN에서 마을 가까이에 우물을 파준 것이다. 그런데 가까운 우물이 생겼는데도 이들은 여전히 10km가 떨어진 먼 우물을 이용했다. 알고 보니 그 우물 자체가 단순히 물을 길어오는 것만이 목적이 아니라 여성들에게 정보 교환의 장이자 친교의 장이기도 했던 것이다. 그곳이 하나의 커뮤니티로서의 역할을 하고 있다는 사용자의 관점에서 집중하지 않고, 우물의 거리와 불편이라는 톱다운식 사고에 초점을 맞춘 탓에 생긴 실수였다.

고객의 니즈를 파악하기 위해서는 물론 빅데이터, 스몰데이터와 같은 도구도 써야 하지만 현장의 소리를 듣고 사각지대에 있던 고객의 언맷 니즈까지 종합적으로 파악해야 비로소 고객에게 정말 필요한 것을 제공할 수 있다. 그러한 결과를 고객에게 최단 거리, 최단 시간에 제공하는 것이 가장 고객 친화적인 비즈니스인 셈이다.

고객 관점으로 바라보면 시장의 기회를 파악할 수 있다. 아마존은 세상의 모든 것을 팔 수 있다는 경영 철학이 있다. 고객이 필요로 하고, 고객에게 가치를 줄 수 있는 모든 것이 비즈니스의 대상이자 또 기회가 될 수 있다는 관점이다. 아마존은 아마존 유럽에서 비즈니스 초기에 시신 수거를 전문으로 하는 회사를 인수했던 적이 있다. 유럽에서는 고독사 문제가 사회의 골칫거리 중하나인데, 그래서 고객의 페인 포인트가 존재한다는 걸 알고 관련 회사를 인수했던 것이다. 독거사를 한 사람이 빠르게 발견되지 않거나 빨리 화장 처리가 되지 않을 경우는 그 집을 새로 렌트하는 데 부담이 될 수 있다. 그래서 건물주들은 느린 공공 행정에 의존하기보다 빠르게 일을 처리해 주는 관련 업체를 선호하게 된다. 그곳에 시장의 성장 가능성이 있기에 아마존이 그 기회를 잡았던 셈이다.

비즈니스는 인구가 증가하고, 항상 시장이 커지는 쪽에 포커스를 맞춰야 한다. 어느 시점에 레드오션이 되더라도 다음 단계를 미리 준비하고 먼저 경쟁을 대비하는 것도 중요하다. 그 예로 최근 우리 사회에서는 펫 시장이나 실버 산업이 급격히 성장하고 있다. 특히 베이비 부머세대의 퇴직으로 인해 액티브 시니어세대를 위한 다양한 비즈니스가 요구되고 있다. 그 중에 하나가 실버세대를 위한 인테리어 사업이다.

우리나라 아파트나 단독주택은 주로 1990년대나 2000년대 초반에 많이 들어섰는데, 그때 거주하던 사람들의 나이대가 이제 60, 70대가 되었다. 당시 30, 40대의 신체 구조에 맞춰 주거 형태가 결정되었기 때문에 이제는 주거하는 연령대에 맞춰 인테리어와 가구 형태도 리뉴얼될 필요가 있다. 그러나 현실적으로 우리나라의 주거 환경은 이에 대한 준비가 아직 안 되어 있는 상황이다. 노인들에게 가장 위험한 것이 암이나 폐렴과 같은 질병을 제외하면 일상에서 일어날 수 있는 각종 골절 사고다. 아파트 싱크대는 건장한 성인의 기준으로 설계되어서 허리가 굽은 어르신에게는 너무 높다. 집안에 있는 다양한 문턱에 걸려 뼈가 부러지는 사고도 생각보다 흔히 일어난다. 침대가 높으면 침대에서도 낙상 사고가 생긴다. 또 만약 휠체어를 타고 있다면 화장실에 들어갈 때도 휠체어가 이동할 수 있는 공간이 나와야 하는데, 대부분의 가정집은 그렇지 않다.

국내에서는 이제 막 실버 인테리어에 대해 관심을 갖기 시작하는 추세지만 해외에는 이미 고령자의 기준에 맞춘 집 구조의 사례를 많이 찾아볼 수 있다. 일본의 경우에는 걸려 넘어질 수 있는 집안의 문턱을 다 없애고 미닫이 문의 레일을 바닥이 아니라 천장에 달아둔 경우도 있다. 해외 사례를 봐도 미끄러운 욕조를 없애고 샤워 부스로 교체하고, 벽이나 바닥도 미끄럽지 않고 충격을 완화할 수 있는 소재로 시공한다. 넘어지면 비상벨을 눌러 병원에 바로 연락할 수 있는 시스템을 갖추기도 한다. 심지어 요양원이나 요양병원의 경우 상황실에서 출입문 개폐를 통제하여 혹시 모를 실종 사고를 방어하기도 한다. 치매를 앓고 있는 어르신의 경우 출입문 통제를 하지 않으면 밖으로 나갔을 때 찾을 확률이 낮기 때문이다. 방에는 낙상 사고를 방지하기 위해 침대의 높이를 20cm 전후로 낮추고, 창문의 개폐 넓이도 머리가 빠져나갈 수 없는 크기로 설계하고 있다.

결국 인테리어는 실버 세대에 맞는 형태의 인테리어로 바뀔 필요가 있는데, 고객 니즈에 따라 시장에 엄청난 기회가 아직 있는 셈이다. 실버 산업에는 음식부터 패션까지 다양한 분야가 있다. 그런데 실버 산업은 폼 나거나 자랑할 수 없는 분야라는 인식 때문에 직원들뿐 아니라 경영자들도 꺼리는 것이 현실이다. 비즈니스는 폼 나고 화려한 것이 좋은 것이 아니고, 고객의 페인 포인트를 해결할 수 있어야 한다. 그것이 결국 성공적인 비즈니스의 본질이기 때문이다. 가능성이 있는 시장의 숨겨진 기회를 잘 발견하는 것이 리더의 몫이자 일의 확장성을 높이는 일이다. 일을 잘하는 경영자는 새로운 시장과 새로운 수익원을 계속해서 발굴해낼 수 있어야 한다. 그래서 세상에 대한 통찰력을 가지고 세상의 변화를 읽으며 정확한 의사 결정을 하는 것이 중요하다.

최선보다 중요한 것은 최고가 되는 것

모든 비즈니스에서 제품이나 서비스를 만드는 기준은 기본적으로 고객 친화적이어야 하며, 그 정도가 최고 수준으로 제공되어야 한다. 비즈니스는 고객 관점에서 기업 철학에 맞추어 상품이나 콘텐츠, 또는 서비스를 최단 거리와 최단 시간으로 제공하는 것이다. 그래서 고객을 감동시킬 만큼 최선의 태도인지, 또 제공하는 제품이나 서비스가 최고의 수준에 이르렀는지 항상 점검해보는 것이 중요하다. 이를 목표로 하는 관점이 아니라면 결국 비즈니스의 방향성부터 잘못되고 있다고 단언할 수 있다. 고객은 최선보다는 최고의 상품, 콘텐츠, 서비스를 원한다. 즉 고객 관점에서 최선이 아니라 최고가 되어야 한다는 것이다.

흔히 농민들은 힘이 없어서 유통업체를 통해 좋은 플랫폼이나 점포에 입점할 수 없다고 생각하는 경우가 많은 듯하다. 하지만 실질적으로 들여다보면 오히려 그 반대다. 유통은 물론 어떤 비즈니스든 결국 매출이 중요하다. 그래서 매출을 올리기 위해 좋은 상품을 찾는 데 집중하기 마련이다. 유통업체 입장에서는 좋은 제품을 판매할수록 좋은 성과가 나오고, 결국 좋은 평가와 승진으로 이어진다. 그만큼 좋은 제품을 찾고 입점하는 것이 매우 중요하다는 것이다. 그래서 실제로 대기업이 운영하는 백화점에서는 입소문을 탄 좋은 제품을 팝업으로 행사하거나 입점시키려고 노력하는 일이 많다. 좋은 제품은 소문이 나고, 그러면 오히려 유통업체에서 먼저 찾으러 온다는 것이다. 농민 입장에서 도리어 유통업체를 줄 세우게 되는 셈이다. 유통 MD들이 나를 찾아오지 않았다는 것은 그만큼 내 상품이 인정받지 못했고, 입소문이 나지 않았다는 반증임을 깨달아야 한다. 결국 최우선은 적절한 가격에 최고 상품을 만드는 것이다. 남들이 따라 올 수 없는 최고의 농산품을 만들어 낸다면 고객이 반응한다.

이마트 농산팀은 본질적으로 최고 제품을 발견하고 유통시키기 위해서 상당히 많은 노력을 기울인다. 10여 년 전 이마트 농산팀의 지식에 깜짝 놀랐던 일이 있다. 기억이 정확하지는 않지만, 매대 광고물에 '한라봉은 개화한 지 00일 만에 수확하는 것이 가장 맛있다'는 표현을 기재한 것이다. 수확한 과일을 저장하는 경우도 많겠지만, 최대한 이 즈음에 맞춰 수확한 제품을 바로 판매하면 가장 맛있는 제품을 먹을 수 있다는 연구를 토대로 한라봉 판매 시장을 공략한 사례였다. 한라봉뿐 아니라 천혜향, 레드향, 황금향 등의 품종마다 개화 시기는 비슷하지만 가장 맛있는 수확 시기는 각각 다르다. 그 시기를 맞춰 수확한 제품을 유통하고 판매하는 것이 중요한 전략 중 하나인 셈이다.

또한 보통 제주도에서는 서귀포 효돈에서 나는 감귤이 가장 맛있다고 보는데, 모 유통팀에서는 좋은 제품을 찾다가 특별한 지식을 발견했다. 수확하는 시기기 되었을 때 해안가로부터 한라산 중턱으로 쭉 올라가면서 3일 단위로 맛이 달라지는 특징이 있다는 것이었다. 그래서 이러한 조건에 따라 감귤을 수확하고 공급하는 시점을 정확히 맞추어 고객에게 사랑받는 감귤을 공급할 수 있었다.

사과는 일조량과 기온에 가장 큰 영향을 받는 과일이다. 유통의 농산 MD들은 대구 경북에서 전북 진안, 강원도 춘천에 이르는 전국의 사과 산지를 대상으로 여러 가지 고려 사항을 비교한다. 어느 산지가 최고의 사과를 생산하는 데 가장 좋은지 기준에 맞는 리스트를 토대로 사과를 구매하는 것이다. 즉 농산 MD들은 단순히 농산물을 홍보하거나 많이 판매하는 일을 하는 것이 아니다. 각 과일에 미치는 제한 요인과 조건들에 대해서도 많은 공부와 연구를 한다. 마케팅도 중요하지만, 기본적으로 그 제품의 본질을 들여다보고 최고의 제품을 선정하는 데 집중하는 것이다. 그 후에는 유통에서 가장 중요하게 생각하는 안정적인 공급망을 구축해야 한다. 필요에 따라서는 1, 2차 벤더^{Vendor}를 통해 사과를 공급받는 시스템을 만든다. 또한 상품이 고객에게 안정적으로 공급될 수 있도록 농식품의 생산부터 저장, 운송 등 유통 전과정을 가장 최적의 온도로 유지시키는 일련의 과정인 콜드체인을 운영한다.

고객의 불편을 해소하는 동시에 최고 수준이라고 느낄 수 있는 서비스에 집중했을 때 고객은 결국 다시 찾아오게 된다. 물론 이 과정에서 에너지가 들지만, 그만큼의 결과는 반드시 돌아온다. 파킨슨의 법칙을 보면 조직이 비대해질수록 고객이 아니라 자신들의 이익과 조직 유지에 집중하게 되는 경우가 많다고 하는데, 고객 관점에 집중하여 생각하면 오히려 쉽게 답이 나온다. 반대로 내가 왜 일을 해야 하는지, 어떻게 일을 해야 하는지에 대한 일의 철학부터 근본적으로 고객 관점과 연결되어 있지 않다면 어떤 비즈니스를 해도 잘되기 어렵다. 다시 강조하건대 상품, 가격, 서비스 중에서 최소한 한 가지는 최고를 제공해야 한다. 그리고 모든 의사 결정 기준은 고객과 시장 관점에 좋은 것인지에 두어야 한다.

기업의 핵심 역량은 매뉴얼에 나타난다

2008년, 글로벌 유통사들을 분해하고 정리하는 작업을 주도한 경험이 있다. 이때 월마트, 까르푸, 테스코 등 글로벌 유통사들을 수개월 분해하면서 느꼈던 것 중에 하나가 그 기업의 진수는 매뉴얼에 담겨 있다는 사실이었다. 이후 매뉴얼의 중요성을 더욱 강조하며, 조직원들을 빠르게 업무에 적응시키는 주요한 도구로 매뉴얼을 사용하게 되었다.

매뉴얼을 만드는 데 가장 중요하게 고려해야 할 것은 뭘까. 바로 누가 언제 보더라도 쉽게 따라 할 수 있어야 한다는 것이다.

만드는 사람의 입장이 아니라 보는 사람의 입장에서, 특히 어떠한 사전 정보도 가지고 있지 않은 사람이라도 쉽게 이해할 수 있도록 고객 관점을 생각하는 것이 가장 중요하다. 일본에서 전철을 타면 꽤 여러 가지 사인물을 볼 수 있는데, 텍스트가 거의 없고 대부분 그림을 통해 직관적으로 알 수 있도록 되어 있다. 일본어를 모르는 외국 관광객들을 비롯해 다양한 승객들이 쉽게 이해할 수 있도록 그림으로 제작한 것이다. 이처럼 매뉴얼에 텍스트를 줄이는 것도 좋은 방법이 될 수 있다.

2017년 11월에 한 대학원 강의를 간 적이 있는데, 새로 오픈한 지하 주차장이 상당히 넓었다. 그런데 건물 위치를 알려주는 표지판이 전혀 없어 방향을 찾기 어려웠고 하필이면 그때 스마트폰 배터리까지 나가 버렸다. 겨우 길을 찾아 강의를 마치고 나서도 주차된 내 차를 찾는 데 무척 곤란했던 기억이 있다. 일을 할 때는 그것을 처음 하거나 모르는 사람을 기준으로 만들어야 친절한 결과물이 나오게 되는데, 이미 길을 알고 있는 설계자를 기준으로 하다 보면 자기중심적이고 불친절한 설계가 이루어지게 된다. 주차장은 기본적으로 주차의 편리성이 중요한 것은 물론, 주차 안내 사인물 역시 크고 눈에 띄어야 고객들이 불편하지 않게 이용할 수 있다. 설계자의 개성을 담는 것보다 기본을 지키는 것이 훨씬 중요한 성격의 공간이다.

반대로 런던에 있는 세인트 판크라스역에 가보면 사인물에 대한 접근이 완전히 다른 것을 느낄 수 있다. 역이 1km 넘게 이어져 있어 외국인들은 쉽게 길을 잃기 쉬운 환경인데도, 눈에 확 띄는 노란색 바탕에 검은 글씨로 거의 20m 가까운 사인물을 설치해 두었다. 당연히 가독성이 좋아 처음 가는 관광객이라도 화장실 등을 찾기가 쉽다.

기업의 핵심 역량은 매뉴얼에 나타나기 마련이다. 매뉴얼은 그 기업의 정수가 담긴 결과물이라고 할 수 있기 때문이다. 복잡하고 어렵게 포장하는 것이 아니라 직관적이고 심플하게, 사용하는 사람을 기준으로 하여 가장 쉽고 편리하게 이용할 수 있어야 좋은 매뉴얼이고 플랫폼이라고 할 수 있다.

2021년 말, 신한은행에서 ATM의 UI를 변경했다고 밝혔다. 사실 우리가 사용하는 기기들을 들여다보면 기능은 많지만 자주 쓰는 기능은 몇 가지로 한정되어 있는 게 대부분이다. ATM의 경우에 특히나 나이가 든 어르신들이 이용하기에는 글자가 작고 복잡한 버튼이 많았는데, 신한은행에서는 초기 화면에 가장 자주 쓰는 네 개의 버튼이 화면 전체를 꽉 채우도록 만들었다. 특히 가장 직관적인 표현인 '돈 찾기, 돈 넣기, 돈 보내기, 통장 정리'로 표기한 것이 인상적이다. ATM 앞에서 혼란스러울 수 있는 사소한 요소까지도 모두 사용자 중심으로 해결한 좋은 사례라 할 수 있다.

어떤 업종에서든 고객이 불편하지 않게 하는 UI를 기본으로 생각하면 답이 나온다. 물론 이때 하나의 정답이 있는 것은 아니지만, 주된 고객층의 요구나 페인 포인트를 가지고 있는 고객 등 사용자 관점에 맞춰서 방향을 찾아간다고 생각하길 바란다.

페인 포인트에 집중하라

고객의 고충이나 불만 사항을 뜻하는 페인 포인트는 잘 이용하면 반대로 비즈니스의 관점이자 기회가 된다. 이때 페인 포인트를 해결하기 위해서 비즈니스에서 고객까지 이르는 단계는 짧을수록 좋다. 예를 들어 은행 서비스 중 토스는 이체의 중간 단계를 모두 생략하고 거의 원터치 방식으로 이체 서비스를 제공했다. 결과적으로 기존 은행에서 겪을 수 있었던 다양한 불편함을 대부분 제거한 셈이다. 이 역시 고객의 입장에서 가장 빠르고 편리한 서비스를 경험할 수 있도록 고민한 사례라고 볼 수 있다.

사소한 불편이 때로 획기적인 발명으로 이어지듯, 이러한 페인 포인트를 해결하기 위해 새로운 제품들이 등장한 사례도 적지 않다. 예를 들어 1980년까지만 해도 테이크아웃의 개념이 따로 없었다. 당시는 보통 다방에서 머그잔을 이용해 커피를 마셨기 때문이다. 그런데 90년대 전후에 들어서면서 사람들이 커피를 들고 야외에 나가고 싶어 하며 머그컵이 아니라 종이컵이 필요해졌다. 처음에는 뚜껑 없는 종이컵에 커피를 넣었더니 쉽게 쏟아진다는 문제가 있었다. 그래서 들고 다니면서 커피를 마실 수 있도록 뚜껑을 씌우게 됐다. 그러자 이번에는 커피가 뚜껑의 구멍에서 쏟아지는 현상이 나타났고, 이렇게 커피가 쏟아지지 않도록 구멍 하나를 더 뚫어 공기가 통하도록 한 것이 바로 핀홀$^{Pin\ hole}$이다.

여기까지는 커피를 테이크아웃해서 마실 수 있도록 편의적인 기능을 추가한 것인데, 이때 고객들이 느끼는 또 다른 아쉬운 점이 생겼다. 커피를 즐길 때 중요한 요소 중의 하나가 향인데, 커피 뚜껑을 막아 놓으니 향을 느낄 수가 없는 것이다. 그래서 일부 업체가 새롭게 개발하여 등장한 뚜껑은 향을 느낄 수 있는 구조로 제공되었다. 그 후에도 개선에 개선이 진행되어 캡 안에 살짝 각도가 있는 경사를 통해 커피가 부드럽게 흘러 편하게 마실 수 있는 구조도 나타났다. 고객의 불편을 해결하고 편의성을 추가하기 위해서 제품을 계속 발전시킨 사례라고 볼 수 있다.

뜨거운 종이컵을 감싸주는 홀더도 마찬가지다. 우리가 컵을 잡을 때 손의 모양을 생각해 보면 V자 형태로 컵을 비스듬하게 잡는다. 던킨 도너츠에서는 페이퍼 홀더도 이러한 손 각도에 맞게 비스듬하게 감싸는 모양으로 제공하고 있다. 또한 여름에는 손에 습기가 묻을 수 있기 때문에, 고무 재질의 스트랩으로 요철을 새겨 습기가 손에 닿지 않도록 했다.

 생산성 관점에서도 고객의 소리에 귀를 기울여 제품이나 서비스의 종류를 발전시켜나갈 수 있다. 일본 스타벅스에서는 야외에 피크닉을 나가는 단체 고객들을 위해서 종이로 만든 소풍용 대용량 커피 패키지를 내놓기도 했다. 기존에 없던 것을 개선하는 도구를 통해 생산성을 향상하고 이러한 요소들이 곧 비즈니스가 되는 것이다. 즉 모든 일에는 페인 포인트가 있기 마련이고, 그것을 찾아 고객 가치를 창출하는 것이 비즈니스에서 가장 기본이 되는 관점이라고 할 수 있겠다. 이처럼 고객 가치를 창출할 때는 고객 친화적 마인드나 고객 친화적인 수준이 최고 수준이 되어야 하고, 이때 바로 고객이 감동할 수 있는 퍼포먼스가 나온다.

현장의 소리와 피드백

 작년에 잠실 롯데뮤지엄에서 전시를 진행하고 있던 전시 기획사 대표가 급히 컬렉션을 채워 달라고 부탁해서 먼로 컬렉션을 준비해 전시를 돕게 되었다. 사실 한 명의 히스토리를 전시하려면 3년 이상의 준비 기간이 필요한데, 거의 4개월 만에 필요한 콘텐츠를 확보하고 전시도 해야 하는 급박한 상황이었다. 업체에서 모든 것을 주도하여 진행할 수 있도록 배려하여 나는 기획에 거의 관여하지 않고 컬렉션만 준비했고, 대신 전시 프리뷰 때 피드백하여 개선 가능한 부분을 실시간으로 바꾸고자 했다. 그런데 전시 첫날 처음으로 전시장에 가서 막상 살펴보니 생각보다 아쉬운 점이 많았다.

먼로 오리지널 사진의 경우 관람하면서 즐길 수 있는 요소보다는 쇼케이스에 넣어 평면적으로 관람하는 요소가 대부분이었다. 물론 한국에 이런 컬렉션이 있다는 것만으로도 관람하는 입장에서는 의미가 있을 수 있고 반응도 나쁘지 않았지만, 입소문이 전파되고 새로운 사람들이 유입되는 단계까지는 어려워 보였다. 문제점을 정리하여 실시간으로 바꿀 만한 것과 시간을 두고 바꿔갈 만한 것을 정리하여 본 전시를 대비해 개선하길 기대했으나 업체 직원들은 그렇게 할 마음이 없는 듯했다. 원인은 전시의 첫날이 이 프로젝트의 마지막 날이라고 생각했기 때문이라고 본다. 나의 경우에는 프리뷰 날이 전시의 첫날이라고 본다. 전시회가 시작되고 60% 정도의 만족도로 전시가 완성되었다면, 이후에 현장의 소리나 고객의 반응을 피드백하면서 조금씩 고쳐나가면 최종적으로 더 좋은 결과에 도달할 수 있을 것이다. 그런데 피드백을 살피고 보완하지 않으면 진행 과정에서 놓친 부분이나 고객 관점에서의 페인 포인트를 보완하는 단계를 생략하게 된다.

좋은 사례 중 하나로 편의점에서도 현장의 소리를 매우 중요하게 생각한다. 통계 데이터를 살펴보면 예전보다 편의점 도시락을 먹는 사람이 15% 이상 늘어났다고 한다. 편의점에서는 현장에서 고객들이 도시락에 대해 피드백하는 의견을 반영해서 고객이 원하는 제품군을 마련하기 시작했다. 덕분에 초기에는 제품군이 많지 않았는데, 지금은 현장에서 고객이 찾는 제품군을 반영하여 점차 선택지가 다양해진 것이다.

그런데 단순히 수치가 늘어났다는 빅데이터 추세만으로는 현상에 대한 구체적인 분석이라고 보기 어렵다. 한편으로는 빅데이터나 트렌드를 분석하는 팀도 운영하여 고객의 니즈에 관심을 기울였다. 그래서 현재는 펫 코너나 와인 코너가 마련되고 확장되는 추세다. 찾는 고객들이 늘어나면서 자연히 제품군이 확장된 것이다. 이는 데이터뿐 아니라 현장의 소리까지 종합적으로 듣고 피드백해야 하는 이유이자, 시장의 가능성을 발견하는 방법이기도 하다. 이러한 피드백이 가능해지기 위해서는 기업이나 프로젝트 내에서 고객 친화적인 관점을 베이스로 항상 갖춰나가는 문화를 갖춰야 한다. 역량이나 기능도 중요하지만 사실 고객 관점으로 바라본다는 전제가 결국 이후의 모든 과정과 결과를 결정한다. 특히 조직이 소규모일 때는 몰라도 인원이 많아진다면 조직 내에서 고객 친화적으로 일하는 철학을 문화로 형성하는 것이 더욱 중요해진다. 그러한 문화가 곧 기업의 미래 가능성을 결정하는 문제가 될 수 있기 때문이다.

2.
게임 체인저와
ESG의 쓰나미

게임 체인저를 위한 준비

4차 산업혁명과 함께 AI, NFT, 메타버스 등 다양한 키워드가 전 산업군에서 등장하고 있다. 실제로 다양한 신기술이 들어오고 있지만 아직까지는 주로 이해관계자들이 목소리 높여 이야기하고 있는 상황이기 때문에 한순간에 우리 삶이 뒤바뀔 거라는 기대감이나 혹은 두려움을 가질 필요는 없다고 본다. 하지만 트렌드와 기술은 기회와 위험이 동시에 따르는 요인이다. 당장 적용하지 않더라도 필요할 때는 쓸 수 있어야 하므로 어느 정도의 이해와 학습을 해두는 것이 좋다.

또한 기술이 있더라도 그것을 적용하는 시기와 방법을 적절히 선택하는 관점도 필요하다. 세상의 변화에 대해 정확히 이해하며 통찰력을 가져야 가장 좋은 시기에 옳은 결정을 내릴 수 있다. 그 결정에 따라 시장에서 기회를 만들 수도, 자칫 너무 빠르거나 늦을 경우 위험으로 적용될 수도 있을 것이다. 그래서 이를 판단하고 결정할 수 있는 눈이 필요하다. 비즈니스에서는 타이밍이 매우 중요하다.

우리가 일반적으로 시장을 이끌어가는 변화를 바라볼 때 처음에는 패스트 팔로워(Fast follower, 새로운 제품 또는 기술을 빠르게 쫓아가는 전략), 다음은 퍼스트 무브(First move, 시장을 선도하는 전략), 그리고 게임 체인저(Game changer, 기존 시장에 엄청난 변화를 야기할 정도의 혁신적 아이디어를 가진 사람이나 기업)의 단계가 있다. 대부분의 기업, 사실상 95% 이상의 기업은 패스트 팔로워 전략을 쓴다. 새로운 기술이나 제품을 빠르게 뒤쫓아가는 것이다. 그 방식도 다양하다. 직접 보고 따라하는 방식을 쓸 수도 있고, 오픈 이노베이션으로 외부 기관의 기술이나 정보를 받아들이는 동시에 기업 내부 자원을 공유하는 방식을 쓰기도 한다. 이를테면 삼성전자도 기본적으로 하드웨어 회사이기 때문에 소프트웨어에 대해서는 벤치마킹을 많이 한다. 아마존이 특허를 1년에 수천 개씩 내다 보니 삼성에는 아마존 특허를 분석하는 팀이 따로 있을 정도다. 아마존에서 인간의 삶에 가장 실질적으로 필요한 기술을 앞서 연구하고 있고, 생각의 발전도 매우 빠르기 때문에 삼성에서도 이들의 연구를 면밀히 지켜보고 또 반영해 나가려고 하는 것이다.

이처럼 앞서가는 곳을 벤치마킹해서 배워야 할 것들을 배우고 적용하는 방법도 하나의 중요한 전략이 될 수 있다. 또 다른 사례를 보자면, 몇 년 전까지만 해도 일본에서 먼저 기술을 개발하면 매우 비싼 가격에 제품을 팔았다. 우리나라 기업에서 그 기술을 따라가는 데 2년 정도의 시간이 걸렸고, 2년 후 같은 기술의 상품을 내놓으면 일본에서는 그때 가격을 대폭 낮춘다. 그게 반복되다 보니 우리나라 기업이 경쟁에서 밀릴 수밖에 없었다. 그런데 우리나라의 한 기업에서 일본의 기술을 6개월 이내에 따라잡자는 전략을 세웠다. 그때부터 전 세계에 오픈된 정보를 비롯해 다양한 네트워크를 이용해 보이지 않는 정보도 탐색해 기술을 빠르게 따라잡기 시작했다. 예전에는 제품이 양산될 때부터 기술 개발을 시작했다면 이제는 제품을 기획하는 비슷한 시기부터 개발을 시작해 6개월 이내에 기술을 따라잡기에 이르렀다. 그러다 보니 일본에서도 초기 투자비를 회수하기 위해 제품 가격을 낮출 수 없었고, 우리 기업이 시장에 진입하는 데 경쟁력이 생길 수 있었다.

패스트 팔로워 다음 단계로, 기술을 앞서 주도해 나가는 퍼스트 무브 전략은 현실적으로 우리나라 기업에서는 어려운 부분이다. 물론 실현하는 경우가 있지만 많지는 않다. 삼성전자와 같은 반도체 기업도 최근 대만의 반도체 회사인 TSMC와 경쟁에서 주춤하는 모습을 보였다. 물론 반도체 제조 공정 중 가장 앞선 기술인 3나노 공정에서 TSMC보다 앞섰지만, 선구자 역할을 하는 데에는 장점만큼이나 리스크도 크고 비용도 많이 들어가는 등의 문제가 있다.

게임 체인저는 완전히 세상의 판을 바꿔 놓는 것이다. 시장의 흐름을 혁신적으로 바꾸는 사람, 사건, 서비스, 제품 등을 말한다. 2009년에는 스마트폰이 바로 그런 게임 체인저였다. 애플의 창립자 스티브 잡스가 아이폰을 출시하면서 기존 휴대폰 시장이 아예 뒤바뀌게 되었다. 2010년에는 아이폰이 전 세계 시장 16%를 점유했고, 기술력이 좋고 특허가 많았던 노키아도 서서히 사라졌다.

비즈니스 전략가인 피터 피스크Peter Fisk는 "비즈니스 세계에서 펼쳐지는 게임에 참여하는 것이 중요한 게 아니다. 게임 자체를 바꿔야 한다."라고 강조하기도 했다. 제품 아이디어를 발전시키거나 기술을 업그레이드하는 것만 중요한 것이 아니라, 훨씬 대담하게 시장 자체를 혁신해야 한다는 것이다. 세상의 판도를 뒤집는 아이디어가 쉬운 일은 아니지만, 완전히 새로운 가능성의 시장을 열기 위한 고민과 시도는 아무리 치열해도 아깝지 않다.

처음에는 누구도 관심을 갖지 않던 작은 발상 하나로도 생각지 못했던 미래의 장이 열릴 수 있으니 말이다.

지속 가능한 ESG에 대한 고민

장기적인 관점에서 지속 가능한 발전을 추구하는 ESG 경영은 환경Environment, 사회Social, 지배 구조Governance를 뜻한다. 특히나 최근에는 사회적으로 소비자들도 환경적인 관심이 높아지고 있는 추세다. 그러면서 플라스틱 빨대 사용을 줄이고 종이 빨대로 바꾸거나, 일회용 컵 대신 텀블러 사용을 권장하는 등의 기업 정책적 변화도 일고 있다.

그런 와중에 기존에 있던 소재를 다른 제품으로 재탄생시키는 리사이클에 대한 아이디어도 많이 등장한다. 예를 들어 버려진 타이어를 가지고 옷을 만드는 식이다. 다만 이러한 리사이클이 정말 근원적으로 환경 문제, 쓰레기 문제를 해결할 수 있을지에 대해서는 다시 생각할 필요가 있다. 물론 이러한 아이디어 자체는 나쁘지 않지만 생각해 보면 이 옷은 또 금방 버려져서 여전히 자연에 폐를 끼치게 될 것이다. 따지고 보면 쓰레기가 되는 시간을 그저 몇 년 정도 늦출 뿐인 것이다.

그렇다면 어떤 방향으로 접근해야 할까. 패션 업계에서 가장 문제가 되는 것은 염색이다. 강을 망가뜨리는 주범이기도 하다. 지금까지 대부분 화학 염색을 했다면, 이제 천연 소재를 사용하는 식으로 접근하여 변화를 꾀해야 한다. 삼베나 모시 같은 소재는 유기물로 자연 순환이 가능하다. 옷을 예쁘게 입는 것도 중요하지만, 환경을 훼손하는 소재 대신 자연 친화적인 소재에 집중하는 관점의 변화가 필요하다고 본다.

생분해 비닐·플라스틱 유통 회사를 만드는 데 경영고문으로 참여한 경험이 있다. 해당 회사의 제품은 옥수수 전분으로 만들어 100% 분해가 되는 PLA라는 성분을 이용한 소재였다. 비닐이나 플라스틱과 품질이 85% 이상 동일하고, 농촌에서 비닐하우스로 사용해도 최장 6개월이면 100% 분해가 된다. 물론 리사이클도 중요하지만, 쓰레기가 되는 과정을 단순히 늦추는 것만이 아니라 보다 근원적인 구조를 바꿔야 한다. 그러지 않으면 결국 동일한 문제가 반복되며 풍선 효과로 끝날 가능성이 높다. 일부 업체에서 분해가 되기 위한 유기물만 사용하지 않고 제품에 무기물을 섞어 단가를 낮추는 경우가 있는데, 이는 자연에서 분해가 되지도 않을 뿐만 아니라 진정성을 가진 업체까지 죽이는 우를 범할 수 있기에 주의를 기울여야 한다.

특히 최근에는 기후 이상을 유발하는 탄소 배출량의 문제가 더욱 심각해지고 있다. 정부에서는 2050년까지 온실가스 배출량과 흡수량이 같아지는 탄소 중립을 목표로 삼았다. 플라스틱은 제작부터 분해, 소각까지 전 단계에 걸쳐 온실가스를 배출하기 때문에 이러한 쓰레기부터 당장 줄여야 한다는 지적이 나온다. 그렇다면 이에 친환경적이면서 근본적인 해결법은 무엇이 있을까.

국내에서는 KOMAC(한국해사기술)의 조선 사업을 중심으로 탄소 문제를 근원적으로 풀어갈 수 있는 기술을 고민하여 시장의 게임 체인저 역할을 하고 있다. 우리나라의 조선 기술은 세계 최고 수준으로 잘 알려져 있고, 실제로 바다에서 운항하는 5만 톤 이상의 선박 중 85%가 '메이드 인 코리아'다. 그중 KOMAC은 전 세계에서 가장 많은 선박을 설계하고 있고, 또 그 기준을 정해 선박을 감리하거나 국내외 조선소의 건설과 운영에도 조언하고 있는 회사다.

KOMAC은 기후 변화 문제와 미래 에너지 관련 기술에도 관심을 가지고 집중했다. 선박은 기름이나 액화천연가스로 움직이는데, 선박 제조를 하다 보니 기름이 환경에 영향을 끼치는 것이 마음에 걸렸다고 한다. 그래서 이 문제를 해결할 수 있는 기술을 찾다가, CCUS라는 탄소 포집 기술을 보유하고 있는 노르웨이의 '카본'이라는 회사를 인수하게 된다. 이 기술은 간단히 말해서 화학 발전소에서 탄소가 발생했을 때 자동 포집 장치를 통해 모아서

얼린 뒤 사용 가능한 형태의 연료로 바꾸는 것이다. 자연에 방출되어 환경 문제를 일으키는 걸 방어할 수 있는 동시에 오히려 인간에게 이롭게 사용할 수 있게 된다. 카본 코리아의 CCUS는 전 세계에서 최고 수준으로, 미국과 비교하면 포집 비용이 3배 이상 저렴할 뿐만 아니라 그 과정에서 유해 물질도 발생하지 않는다. 이 기술을 이용하여 이미 세계 최초로 배의 설계에 들어갔고, 골드만삭스, 빌게이츠 투자재단, 뱅크오브아메리카 등의 세계적인 회사들이 투자에 나섰다.

이처럼 ESG에 대하여 접근할 때 우리가 가장 고민해야 하는 것은, 그저 현상을 일시적으로 해결하는 것이 아니라 시간이 걸리더라도 근원적인 해결이 가능한 기술을 찾고 만드는 것이다. 앞으로는 모든 기업에서 저탄소화를 넘어 탄소 제로를 위한 생태계 조성을 고려해야 할 것이고, 시장의 흐름도 친환경 미래 에너지의 발전에 집중하고 있다.

ESG에 주목하는 이유

미국의 아웃도어 브랜드 파타고니아의 창업주 이본 쉬나드^{Yvon Chouinard} 회장은 기후 변화와 환경 보호 활동을 위해서 회장 일가가 소유한 4조 원 규모의 회사 지분 100%를 전액 환경 단체에 기부하겠다고 밝혔다. 또한 파타고니아의 수익 중에서 매년 1억 달러에 달하는 금액 역시 기후 변화와 환경 문제를 위해 사용될 것이라고 전했다. 환경 문제를 해결하고자 하는 기업 철학에 따라 파타고니아의 광고에는 "Don't buy this jacket."라는 문구가 나온다. 옷을 쉽게 사거나 버리는 패스트 패션을 지양하고 환경을 위해서 옷을 오래 입자는 것이다. 친환경 기업으로 잘 알려져 있던 파타고니아지만 창업주의 지분 기부는 신선하고 놀라운 소식으로 전 세계에 전해졌다.

ESG에서 말하는 환경이나 사회 관점, 지배 구조는 본질적으로 결국 더 나은 세상을 만들고자 하는 목적을 갖는다. 이제 ESG를 무시하고 경영을 한다면 지속 가능한 구조를 만들 수 없다. 기업의 철학이 ESG와 맞닿아 있는 것이 고객들의 충성도를 높일 수 있는 것은 물론이고, 미래 지향적인 가치로 발전 가능성을 높이며 동시에 리스크를 줄이는 방향이기도 하기 때문이다. 경영자는 새로운 시장을 개척하고 혁신을 추구하며, 동시에 리스크를 예측하고 매니지먼트할 수 있어야 한다. 그러한 맥락에서 ESG 관점을 바탕으로 미래에 발생할 수 있는 리스크를 계산하고 대응할 수 있어야 할 것이다. 예를 들어 탄소 문제 때문에 2030년부터 유럽에서는 아예 내연기관 자동차의 판매를 멈춘다고 한다. 자동차 관련해서 비즈니스를 하거나 혹은 자동차를 구입할 때에도 점차적으로 전기차를 우선 고려해야 하는 상황이다.

이 때문에 2022년 11월에는 무함마드 빈 살만 사우디아라비아 왕세자가 방한하여 주요 대기업과 26개 사업에 대한 투자·개발 업무협약^{MOU}을 맺었다. 사우디가 야심차게 추진 중인 신도시 네옴시티 조성뿐 아니라 신재생에너지·바이오·게임·스마트팜 등 신산업 분야에서 적극 협력하기로 했고, 사업 규모는 40조 원이 넘는다. 더불어 이와 별개로 원자력 발전이나 방위산업 등에서도 한국과의 협력을 희망하여 '제2의 중동 특수'가 기대되는 상황이라고 한다. 10년 후쯤 내연기관 차의 판매가 중단되고 탄소 중립에 대한 제약이 커질 경우, 석유와 가스가 국내 생산의 대부분을 차지하는 사우디아라비아 입장에서는 미래에 심각한 리스크가 발생할 가능성이 크다. 현재 석유 소비의 많은 부분이 내연기관 차량이 소비하는 것이기 때문이다. 따라서 미래의 리스크를 내다보고 새로운 국가의 먹거리를 준비하는 리더의 혜안에 깊은 인상을 받았던 뉴스였다.

한편 VDA(독일자동차산업협회) 회장인 힐데가르트 뮐러^{Hildegard Müller}는 독일 언론에서 또 다른 친환경 정책을 제안했다. "자동차 엔진이 문제가 아닙니다. 여기 쓰이는 화석연료가 문제죠." 내연기관 자동차 생산을 중단할 필요 없이, 내연기관 자동차의 연료만 친환경으로 바꾸면 된다는 것이다. 실제로 그는 '이퓨얼^{e-fuel}'이라는 신종 연료가 휘발유나 경유의 대안이 될 것이라며, 전기차나 수소차가 보편화되기까지 이를 통해 탄소 배출량을 점차적으로 줄여나갈 수 있을 것이라는 포부를 밝혔다.

　이처럼 세계적으로 많은 기업들이 이미 ESG에 주목하며 미래를 준비하고 있다. 기업이 환경 문제에 대한 사회적 책임을 갖기 위해서이기도 하지만, 무엇보다도 비즈니스는 항상 고객과 시장에 집중해야 하기 때문이다. 이미 소비자들은 기업의 제품과 서비스의 퀄리티만이 아니라 기업이 가진 철학과 가치관, 환경적이고 윤리적인 기준을 토대로 소비를 선택하는 추세다. 정책을 정할 때나 기업 간 거래를 할 때도 앞으로 ESG를 고려하지 않는 기업에서는 심각한 역풍을 맞게 될 수 있다. 반대로 고객과 시장의 환경적, 윤리적 요구에 맞춘 기업들이 존경받고 사회적인 영향력도 커지게 될 것이다. 세상에서 사랑받을 만한 필요충분조건을 가져야 하는 것이 비즈니스의 책무임을 놓치지 않아야 한다.

돈을 버는 데는 책임이 따른다

우리가 일하는 목적은 기본적으로 돈을 벌기 위해서일 것이다. 하지만 모든 비즈니스는 고객 가치 창출을 통해 돈을 벌고 세상에 대한 크고 작은 영향력을 남긴다. 그래서 비즈니스의 최종 목적은 사회에 진 빚을 갚는 것, 즉 사회에 선한 영향력의 크기를 키우는 것이라고 생각한다. 물론, 스타트업의 경우는 생존이 중요하고, 생존과 성장을 위해 몰입해야 한다. 동시에 그 속에서도 고객과 시장에 대한 분명한 철학을 가지고 있어야 한다. 그래서 기업이 철학을 갖는다고 했을 때 그것은 철저히 고객 친화적이어야 하는 것이다. 그래서 최고 수준으로 고객에게 콘텐츠나 제품,

서비스를 제공해야 하며, 그것을 통해서 사회에 가치를 만들어야 한다. 일의 성과로 고객에게 가치를 만들어 주면 그것에 감동한 고객이 기업에 돈을 지불하는 것이다. 이처럼 가치를 제공하여 고객이 돈을 돌려주는 방식이 사회에 좋은 영향력을 끼치는 과정이라 할 수 있겠다. 좋은 영향력을 주기 위해서는 기업이 사회로부터 존경받고, 사랑받아야 한다. 그렇다면 기본적으로 기업 운영과 돈 버는 과정도 정직하고 투명해야만 할 것이다. 그래야 지속 가능한 경영을 할 수가 있다.

그래서 기업에서는 당위 법칙을 고려해야 한다. 자신들의 배만 불릴 것이 아니라, 사회에 좋은 영향력을 끼친다는 책임을 가지며 가지지 않은 사람을 위해 나누고 베푸는 것이 마땅하다고 본다. 또한, 그들을 위해 도움을 주어야 한다. 기업의 규모가 커지면서 자연스레 영향력을 미칠 수도 있고, 혹은 작지만 영향력의 크기를 키울 수도 있을 것이다. 그 영향력의 방식도 어디에 한정되지 않고 사회 전 영역으로 다양할 수 있다.

상류층이 도덕적 책임을 다하지 못했을 때 자주 등장하는 단어가 노블레스 오블리주Noblesse oblige다. 부와 권력, 명성에는 사회에 대한 책임과 의무가 동반되어야 한다는 것이다. 사회에 영향력을 끼치고 돈을 버는 것은 항상 그만큼의 책임을 동반하는 일이다. 사회를 점점 좋은 방향으로 바꾸고 부조리를 고쳐 나가기 위해서는 결국 이러한 경영자나 직장인들의 철학이 있어야 한다. 기업이 성장할 수 있는 것은 사회에 있는 고객들 덕분이고, 따라서 혼자서 잘 먹고 잘 사는 것이 아니라 궁극적으로 사회로부터 빚진 걸 갚아 나가며 공헌하는 태도와 책임이 필요하다.

사회에 공헌하는 문화와 시스템

경북 안동에 작은 요양병원이 있다. 서울에 비하면 규모가 훨씬 작은 시골 병원이지만, 강남에 있는 부자들도 안동까지 이 병원을 찾는다고 한다. 그 이유가 무엇일까. 바로 우리나라에 많지 않은 존엄케어를 실천하고 있는 병원이기 때문이다. 보통은 요양병원이 가지고 있는 여러 문제들이 있다. 일단 인건비를 줄이기 위해서 간병 인력을 최소화하고, 그러다 보니 환자를 인격적으로 대하기보다 신체를 구속하는 등 빠른 업무의 효율만을 추구하게 된다. 이런 문화가 바람직하지 않다는 것을 알면서도 바쁘다는 이유로 '어쩔 수 없는 일'로 치부되고 있는 것이다.

안동에 있는 이 요양병원에서는 '4무 2탈'이라는 파격적인 정책을 내세우고 실현했다. '욕창, 낙상, 냄새, 신체 구속 무(無), 탈 기저귀, 탈 침대화'다. 어떻게 보면 현실적으로 이윤을 추구해야 하고 업무도 바쁜 요양병원에서 업무 효율을 낮추는 방식일 수 있다. 인간적이지만 이상적인 정책으로 보일 수도 있다. 하지만 이 병원의 의료재단 이사장은 회의적이던 직원들을 설득하고 교육하여 결국은 이상을 현실에 정착시켰다. 또한, 환자에 대한 서비스 증대로 직원의 업무강도가 높아짐에 따라 '감사나눔 운동'을 시행해 직원 복지 향상에 힘쓰고 있다.

좋은 영향력은 지식으로만 전달되는 것이 아니다. 삶을 살아가는 방식을 보여주고, 좋은 사례를 나누고, 시간을 함께 보내면서 자연스럽게 공유되는 것이다. 문화나 시스템을 만들고 사회적으로 퍼트리는 것은 선한 영향력을 확대하는 일이다. 나도 여러 기업의 경영자나 리더를 만나 코칭을 할 때 일방적으로 강의만 하지는 않는다. 함께 와인을 마시고, 식사를 하고, 여행도 가는 등 삶을 나누는 과정을 가지는데 이 활동이 영향력을 더 극대화한다고 생각한다. 그리고 다시 각자의 회사에서 직원들에게 좋은 영향력을 미치다 보면 점차 사회 전체로 번지는 것이다.

사실 우리 주변을 둘러보면 심각한 사회 문제들이 많다. 다문화 가정, 탈북 청년, 장애인, 농촌, 중소기업의 경영 등 앞으로 관심을 가지고 바꿔야 하는 문제들이 여전히 과제로 남아 있다. 그런데 이를 국가나 공무원 조직만이 해결할 수 있다고 생각하면서 무관심하게 방치하는 것이 아니라, 시민과 기업들도 함께 문제를 해결하고 올바른 문화를 정착해 나가야 한다.

각 기업이나 개인도 철학과 가치관을 바탕으로 할 수 있는 일을 해나간다면, 생각보다 우리가 바꿀 수 있는 것이 많을 수 있다. 더불어 사는 사회, 사람들이 차별받지 않는 세상은 어느 날 갑자기 완성되는 것이 아니다. 조금씩 좋은 문화와 시스템을 만들어 세상을 바꿔야 사회Next society에 가치를 남기고 또 돌려받는 비즈니스의 선순환 구조가 완성된다.

크고 작은 가치를 모으는 일

경영자로서 회사 내의 여러 리더들과 함께 회사를 성장시키고 또 세상에 가치를 남기겠다는 공동의 이념을 가지고 1년에 한 번 서로 허심탄회하게 이야기하는 시간을 갖곤 했다. 그러면서 경영에 대한 것뿐 아니라 어려운 곳에 도움을 주는 활동에 대해서도 관심을 가지고 공유해 왔다. 한번은 당시의 재무 책임자가 나에게 전화해서 이런 고백을 한 적이 있다. 처음에는 내가 왜 굳이 사회공헌 쪽에 관심을 갖는지 이해가 안 됐는데, 최근 비영리 재단에서 일하면서 사회 문제 해결을 위해 힘쓰는 활동을 하다 보니 그 이유를 깨달았다는 것이다.

사실 언론에서 조명하는 곳은 많은 사람들이 도움을 줄 수 있지만, 실제로는 그러한 관심이 미치지 않는 곳들이 더욱 많다. 무작정 기부하는 것이 전부가 아니라, 도움이 절실히 필요한 곳을 잘 찾아보고 그들에게 진짜 필요한 것을 제공해주는 것이 더 중요할 수 있다. 어떤 사람들에게는 당장의 돈이나 쌀이, 혹은 병원 치료가 필요할 수도 있고, 어떤 사람들은 일을 할 수 있고 안정적으로 생활할 수 있는 일자리 구조를 만들어주는 것이 가장 적확한 방법일 수 있기 때문이다. 그래서 어려운 사람들을 위해 쓸 수 있는 돈이 재단에 모여 있다고 해도, 그것을 '잘' 쓰는 것 역시 생각보다 어렵고 또 중요한 문제다.

최근에는 러시아의 우크라이나 침공으로 많은 도시들이 파괴되었다. 이에 우크라이나의 피난민들을 돕고자 기부에 나서는 사람들도 많아졌다. 개인적으로도 우크라이나 대사관을 통해 돈을 기부를 했지만, 이 경우에 현장까지 전해지는 데는 몇 단계를 거치게 된다. 이때 도움이 필요한 곳에 직접적으로 도움을 줄 수 있는 방법을 고민한 기업들이 눈에 띈다. 가구 전문회사 이케아에서는 가구 제작 기술을 총동원해 만든 '베터쉘터'라는 조립식 주택을 공급했다. 보통 난민들은 임시 막사에서 지내는 경우가 많다 보니 불편한 것은 물론이고 안전 문제도 큰 불안 요소 중 하나다. 베터쉘터는 조립이 간편하지만 내구성이 강하고 보안도 잘되어 난민들이 안전하게 쉴 수 있는 공간이 되고 있다.

또 일부 부작용이 있었으나, 에어비앤비는 우크라이나 난민들을 위해 10만 개의 숙소를 무료 제공하겠다고 밝혔다. 이는 기존에 에어비앤비의 사회공헌 조직을 통해 마련한 시스템으로, 호스트가 무료로 집을 제공하면 난민에게 바우처가 전달되어 방을 예약해 사용할 수 있는 것이다. 그런데 한층 더 나아가, 에어비앤비의 전 세계 사용자들도 이에 동참하여 난민들에게 방을 제공하기 시작했다. 우크라이나의 숙소를 예약하고 필요한 사람이 사용할 수 있게 하는 '착한 노쇼No show'가 시작된 것이다. 또한 대사관을 통한 기부와 달리 예약금이 중간 절차를 대부분 생략하고 우크라이나 현지에 직접 전달되는 것도 이점이다.

전쟁터에 피난민들을 돕고 싶어도 여러 제약들이 있고, 또 불우이웃돕기도 실제로 전달되는 과정에서는 금액이 줄어들거나 그 과정에 6개월 이상 시간이 걸리기도 한다. 국가가 나선다고 해도 우크라이나 국민 전체를 하나하나 돌볼 수는 없다. 물론 기업이나 개인이 참여하여 나서는 활동이 모든 문제를 해결해 주는 것은 아니지만, 최소한 이 혜택을 받는 사람들에게 조금씩이나마 희망을 전할 수 있다는 것에 큰 의미가 있다고 본다. 우리가 현대에 이용하고 있는 다양한 시스템과 서비스를 누군가 돕는 형태로 적용할 수 있다는 것도, 해당 기업의 서비스가 그만큼 가치 있게 쓰이는 일이다.

사회적으로 선한 영향력을 끼친다는 것은 무조건 기부를 해야 한다기보다, 가진 것을 가지지 않은 사람들을 위해 물질과 정성을 작게라도 나눌 수 있을 때 의미가 있는 것이다. 나도 경영자로서 함께 일하는 사람들을 행복하게 만들어 주겠다는 꿈을 언제나 가지고 있다. 아마 남을 도와본 경험이 있는 사람이라면 이를 통해 사회적 가치를 실현하는 것이 오히려 내가 가장 행복한 방법이 될 수 있다는 사실을 느껴봤을 것이다.

사람은 궁극적으로 더 높은 가치를 실현할 때 스스로도 행복을 느끼기 마련이다. 당장 내 눈앞의 일만 해결하는 데 급급하기보다 이러한 사회 문제에 관심을 갖는 것이 결국 사회가 올바른 방향으로 흘러가는 데에 보탬이 된다. 그리고 함께 살아가는 사람들과 또 우리 자신이 더 행복해지는 길로 이어질 수 있다. 그것이 내 자녀들이 미래 사회에서 행복하고 편하게 지낼 길을 미리 만드는 것이다. 또 지금보다 더 나은 사회를 만드는 기초가 된다.

밸런스

너무 소진되지 않고 탁월하게 일하는 법

초판 1쇄 발행 2023년 03월 22일
초판 4쇄 발행 2023년 04월 05일

지은이 · 이인석
펴낸이 · 박영미
펴낸곳 · 포르체

책임편집 · 임혜원
편집 · 김성아, 김선아
마 케 팅 · 손진경, 김채원

출판신고 · 2020년 7월 20일 제2020-000103호
전화 · 02-6083-0128 | 팩스 · 02-6008-0126
이메일 · porchetogo@gmail.com
포스트 · https://m.post.naver.com/porche_book
인스타그램 · www.instagram.com/porche_book

ⓒ이인석(저작권자와 맺은 특약에 따라 검인을 생략합니다)
ISBN 979-11-92730-29-5 (03320)

여러분의 소중한 원고를 보내주세요.
porchetogo@gmail.com